新 时 代 教 育 评 价 改 革 研 究 丛 书

新时代
教育评价改革
政策解析

彭斌柏——主编

XINSHIDAI

JIAOYU PINGJIA

GAIGE

ZHENGCE JIEXI

北京师范大学出版集团
BEIJING NORMAL UNIVERSITY PUBLISHING GROUP
北京师范大学出版社

图书在版编目（CIP）数据

新时代教育评价改革政策解析 / 彭斌柏主编 . —北京：北京师范大学出版社，
2022.4（2024.1 重印）
（新时代教育评价改革研究丛书）
ISBN 978-7-303-27622-6

I. ①新… II. ①彭… III. ①教育评估 – 教育改革 – 教育政策 – 研究 –
中国 IV. ① G521

中国版本图书馆 CIP 数据核字（2021）第 278518 号

教　材　意　见　反　馈	gaozhifk@bnupg.com　010–58805079
营　销　中　心　电　话	010–58802755　58800035
北师大出版社教师教育分社微信公众号	京师教师教育

出版发行：北京师范大学出版社　www.bnupg.com
　　　　　北京市西城区新街口外大街 12–3 号
　　　　　邮政编码：100088
印　　刷：北京虎彩文化传播有限公司
经　　销：全国新华书店
开　　本：787 mm × 1092 mm　1/16
印　　张：19.25
字　　数：207 千字
版　　次：2022 年 4 月第 1 版
印　　次：2024 年 1 月第 4 次印刷
定　　价：72.00 元

策划编辑：郭兴举　鲍红玉	责任编辑：孟　浩　赵鑫钰
美术编辑：焦　丽	装帧设计：焦　丽
责任校对：康　悦	责任印制：马　洁　赵　龙

序
PREFACE

深化教育评价改革要整体发力、
上下衔接、相互呼应

教育评价事关教育发展方向，有什么样的评价指挥棒，就有什么样的办学导向。在全面总结"十三五"规划、科学制定"十四五"规划的关键节点，中共中央、国务院发布了《深化新时代教育评价改革总体方案》（以下简称《总体方案》），就深化新时代教育评价改革的总体要求、重点任务和组织实施进行了系统安排和明确部署。这是在习近平新时代中国特色社会主义思想，特别是习近平总书记关于教育的重要论述的指引下，新中国教育评价的一次重大突破与创新，具有里程碑的意义，必将对进入新时代的中国教育改革与发展产生重大影响。

《总体方案》中有哪些关键点？旨在引领什么？

《总体方案》中明确提出了"五个坚持"的基本原则，即坚持立德树人、坚持问题导向、坚持科学有效、坚持统筹兼顾、坚持中国特色。这"五个坚持"遵循教育规律，全面贯彻党的教育方针，坚持社会主义办学方向，始终围绕培养德智体美劳全面发展的社会主义建设者和接班人这样一个教育根本目标。

第一，《总体方案》突出了树立更加科学的教育评价观。通过建立更加有效的教育评价制度，坚决改变简单以考分排名评老师、以考试成绩评学生、以升学率评学校的导向和做法，旨在建立充满活力、富有效率、更加开放、有利于高质量发展的教育体制机制，为发展具有中国特色、世界水平的现代教育提供重要的制度保障。

第二，突出了全面贯彻党的教育方针。通过设计更加科学的教育评价制度，引领新时代人才培养体系建设，把立德修身、健身强体、崇尚劳动、涵养人文和审美等融合到每一个学生发展成长之中，把立德树人融入思想道德教育、文化知识教育、社会实践教育各环节，建立促进学生身心健康、全面发展的长效机制，旨在引导教育事业始终沿着中国特色社会主义教育方向前进，培养真正能够担当民族复兴大任的时代新人。

第三，突出了全党全社会对推进教育评价改革的重要作用。《总体方案》明确规定了各级党委和政府要正确履行教育职责，牢固树立科学的教育发展理念，坚决克服领导工作中的短视行为、功利化倾向；要求党政机关、事业单位、国有企业率先破除唯名校、唯学历是举的导向，改变用人单位选才、用才过分注重高学历、高文凭的现象；倡导家长树立正确的家庭教育理念和正确的成才观，不能仅用成绩衡量孩子的成长，而是要将目光放宽到品德、智力、意志、兴趣等的综合发展上，为孩子拥有一个丰富、出彩的人生打牢基础。这些举措，旨在为科学管理教育、有力支持教育、真情关心教育、理性看待教育做出制度安排，进而为教育发展营造良好的外部环境，形成健康的教育生态。

《总体方案》为实现改革政策效益的最大化做了哪些安排？

教育改革走到今天，靠单一主体推进改革、在个别环节进行改革、从某个领域探索改革、以一种方式推动改革，往往相互掣肘，实践起来很难奏效，必须整体发力、上下衔接、左右配套、相互呼应，着力增强改革的系统性、整体性、协同性，寻求最大公约数，画出最大同心圆，才能实现改革政策效益的最大化。面对不同利益主体的多元诉求、不同层级和类型教育的各自发展规律、不同地区的教育发展条件差异等，作为教育评价的顶层设计，《总体方案》突出了统筹兼顾推进教育改革的方法论。

第一，《总体方案》就党委和政府、学校、教师、学生、用人单位等各主体进行了系统安排。对于如何评价各级党委和政府科学履行教育职责，明确提出"改革党委和政府教育工作评价"，重点从"完善党对教育工作全面领导的体制机制""完善政府履行教育职责评价""坚决纠正片面追求升学率倾向"几个方面着手，不断提高科学履职水平。对于如何评价学校，明确提出"改革学校评价"，重点是坚持把立德树人成效作为根本标准，使各级各类学校立德树人落实机制更加完善。对于如何评价教师，明确提出坚持把师德师风作为第一标准，重点从"突出教育教学实绩""强化一线学生工作""推进人才称号回归学术性、荣誉性"等方面着手，更加健全促使广大教师安心教学、潜心育人的评价制度。对于如何评价学生，明确提出"以德为先、能力为重、全面发展"的科学成才观，重点从"完善德育评价""强化体育评价""改进美育评价""加强劳动教育评价""严格学业标准""深化考试招生制度改革"几个方面着手，促进学生德智体美劳全面发展。此外，《总体方案》对社会如何选人用人、家庭如何树立正确的教育观和成才观也做出了规定。

第二，对招生考试、教育教学、毕业就业等人才培养各环节进行了系统安排。在招生考试环节，如对全社会高度关注的中高考问题，《总体方案》提出，要"稳步推进中高考改革，构建引导学生德智体美劳全面发展的考试内容体系""加快完善初、高中学生综合素质档案建设和使用办法，逐步转变简单以考试成绩为唯一标准的招生模式"。在教育教学环节，针对学校教育只注重知识传授等问题，《总体方案》将学生的日常表现特别是践行社会主义核心价值观的情况纳入学生综合素质评价，将达到国家学生体质健康标准要求作为教育教学考核的重要内容，并提出"探索在高等教育所有阶段开设体育课程"等，明显增加了对学生学习过程的评价分量和考查内容。在毕业就业环节，《总体方案》提出严把出口关，就初高中毕业班管理、高校学位论文、学生实习实训等做出了明确规定。明显可以看出，此次教育评价伴随着学生学习、成长的全过程，可以说是一种全程评价、全方位评价。

第三，对学前教育、基础教育、职业教育、高等教育、终身教育等领域进行了系统安排。这主要集中体现在对各级各类学校的评价上。什么样的学校是人们心目中的好学校、满意的学校？这里就有一个科学评价标准制定和全面评价要素选取的问题，以更加充分地发挥教育评价这根指挥棒的正导向作用。《总体方案》从问题导向和目标导向出发分别做出了安排。对幼儿园，重点评价的是科学保教、规范办园、安全卫生、队伍建设以及克服小学化倾向等情况。对中小学，重点评价的是促进学生全面发展、保障学生平等权益、引领教师专业发展、提升教育教学水平、营造和谐育人环境、建设现代学校制度以及学业负担、社会满意度等情况。对职业学校，重点评价的是德技并修、产教融合、校企合作、育训结合等情况。对高等学校，重点推进分类评价，引导不同类型的高校科学定位，办出特色和水平；对社会广泛关注的"双一流"建设，明确提出要制定"双一流"建设成效评价办法，突出培养一流人才、产出一流成果、主动服务国家需求，引导高校争创世界一流。

第四，对结果评价、过程评价、增值评价和综合评价等各方式进行了系统安排。《总体方案》中的很多具体政策措施都是这四种评价方式的具体化。比如，如何评价一个学生？世界上没有两片相同的树叶，也没有两个相同的人，人应该千人千面，每一个人都是独特的自己。但长期以来，我们评价学生习惯用"分数"这一把尺子，重智轻德、重分数轻能力，将学生的成长与发展窄化为分数的提高，这就使得学生穿梭于补习班、埋头于刷考题，学生的综合素质和个性发展在分数的约束下被大大削弱，严重影响了学生的全面发展、健康成长，这与落实德智体美劳全面发展的党的教育方针是背道而驰的。当前社会上对教育的诟病，在很大程度上也是"分数至上"的评价标准导致的。为解决这一问题，《总体方案》采取的是"组合拳"思路：既有对学生学习结果的评价，也有对学生学习过程、成长过程的评价，还有对综合素质的评价。一系列多元评价措施，将有力地促进每个学生全面而富有个性地发展。

《总体方案》对教育评价的实践提出了什么要求？

每个时代有每个时代的使命，每个时代也有每个时代的问题。努力解决时代存在的教育问题，完成时代赋予的教育使命，是包括教育战线在内的全党全社会的重大任务。教育的重要使命就是服务中华民族的伟大复兴，为党育人，为国育才，加快教育现代化，建设教育强国，努力办好人民满意的教育。《总体方案》服务和服从于这一重大使命，对教育评价政策、措施、办法做出了一系列的制度安排，与时俱进地深化了教育评价实践。这些制度性安排，顺应时代要求，适应中国国情，因应教育规律，回应人民盼望，务实、可行、接地气，让我们既看到了党中央推进教育评价改革的勇气与决心，感受到了推进教育评价改革的策略与智慧，也体会到了推进教育评价改革实事求是的务实作风和与时俱进的创新精神。

这些制度安排有的是重申与强调。例如，完善党对教育工作全面领导的体制机制，严禁公布、宣传、炒作中高考"状元"和升学率，落实中小学教师家访制度，落实教授上课制度等。

有的是优化与调整。例如，对各级各类学校的评价，根据不同学段的学校定位，进一步优化了评价要素。对高校教师考核，把参与教研活动，编写教材、案例，指导学生毕业设计、就业、创新创业、社会实践、社团活动、竞赛展演等计入工作量，进一步引导高校教师强化育人功能。

有的是探索与创新。例如，在如何评价一位教师是否上好每一节课、关爱每一个学生方面，《总体方案》吸收了有关地方经验，在中小学提出"探索建立中小学教师教学述评制度，任课教师每学期须对每个学生进行学业述评，述评情况纳入教师考核内容"。在现代信息技术日益发达的今天，《总体方案》提出"创新评价工具，利用人工智能、大数据等现代信息技术，探索开展学生各年级学习情况全过程纵向评价、德智体美劳全要素横向评价"。可以预见，这些创新性制度安排必将为教育评价的丰富和完善发挥独特的作用。

基于上述三个方面的认识和思考，教育部教育发展研究中心组织力量深入开展教育评价改革研究，编写了《新时代教育评价改革政策解析》《新时代教育评价改革典型案例》两本书。前者全程跟进《总体方案》的制定，对有关教育评价改革重要政策的科学性、可行性和风险点进行了研究论证，以期坚定推进教育评价改革的信心，充实、细化、完善教育评价改革的制度性安排。后者聚焦教育评价改革典型案例开展跟踪研究，对教育评价改革的经验做法、问题挑战等方面进行了分析总结，以期为教育评价改革决策咨询和实践推进提出可行性建议。从这个意义上说，这两本书是教育发展研究中心的集体研究成果，也可视作教育发展研究中心研究水平的整体体现。这么做的全部意义就在于加快推进教育评价改革，推动教育的高质量发展。

彭斌柏

教育部教育发展研究中心主任

目 录

CONTENTS

完善政府履行教育职责评价　　/1

改变以升学率考核评价教育工作的做法　　/11

不得以中高考成绩为标准奖励师生　　/17

严禁公布、宣传、炒作中高考"状元"和升学率　　/21

坚持把立德树人成效作为根本标准　　/26

完善幼儿园评价　　/31

改进中小学校评价　　/37

制定普通高中办学质量评价标准　　/45

健全职业学校评价　　/53

推进高校分类评价　　/58

改进本科教育教学评估　　/61

改进学科评估　　/64

探索建立应用型本科评价标准 /67

制定"双一流"建设成效评价办法 /70

改进师范院校评价 /73

坚持把师德师风作为第一标准 /75

健全教师荣誉制度 /82

建立师德失范行为通报警示制度 /88

幼儿园教师评价突出保教实践 /95

探索建立中小学教师教学述评制度 /101

完善中小学教师绩效考核办法 /107

健全"双师型"教师认定、聘用、考核等评价标准 /116

规范高校教师聘用和职称评聘条件设置 /120

改进高校教师工作量计算标准 /127

落实教授上课制度 /130

支持建设高质量教学研究类学术期刊 /135

实施教材建设国家奖励制度 /140

强化一线学生工作 /145

改进高校教师科研评价 /149

创新德智体美劳过程性评价办法 /159

完善综合素质评价体系 /162

科学设计各级各类教育德育目标要求 /167

通过信息化等手段实施德育评价 /170

建立日常参与、体质监测和专项运动技能测试相结合的考查
机制 /174

将达到国家学生体质健康标准要求作为教育教学考核的重要
　　内容 /176

中小学校要客观记录学生日常体育参与情况和体质健康监测
　　结果 /179

改进中考体育测试内容、方式和计分办法　/182

加强大学生体育评价　/185

改进美育评价　/188

探索将艺术类科目纳入中考改革试点　/191

推动高校将公共艺术课程与艺术实践纳入人才培养方案，实行学
　　分制管理　/194

加强劳动教育评价　/197

实施大中小学劳动教育指导纲要　/202

完善各级各类学校学生学业要求，严把出口关　/207

完善博士、硕士学位论文抽检工作　/213

深化考试内容改革　/216

深化考试形式改革　/223

加快完善初、高中学生综合素质档案建设和使用办法　/228

完善高等职业教育考试招生办法　/232

深化研究生考试招生改革　/236

不得通过设置奖金等方式违规争抢生源　/241

树立正确用人导向　/244

促进人岗相适　/249

职业学校毕业生在落户、就业、参加机关企事业单位招聘、职称评聘、
　　职务职级晋升等方面，与普通学校毕业生同等对待　/254

用人单位要科学合理确定岗位职责，建立重实绩、重贡献的激励机制　　/258

落实改革责任　　/263

加强专业化建设　　/267

参与联合国 2030 年可持续发展议程教育目标实施监测评估　　/282

后　记　　/293

完善政府履行教育职责评价

《深化新时代教育评价改革总体方案》（以下简称《总体方案》）提出，"完善政府履行教育职责评价"。这是深化教育领域综合改革的一项创新举措，也是加强和改进党对教育工作的全面领导的一项重要部署，对于推进教育治理体系、教育治理能力现代化，推进教育高质量发展具有重大意义。

一、政策提出的现实意义

完善政府履行教育职责评价，主要基于以下几点考虑。

一是政府是教育督导评价的首要对象。政府

是教育改革发展的实施主体、责任主体和核心推动力量。完善政府履行教育职责评价，旨在压实各级地方党委和政府抓牢教育、办好教育的责任，形成教育发展"党政同责，责重如山；党政负责，责无旁贷；党政尽责，责有所归"的良好环境和氛围，督促各级党政领导干部肩负起统筹规划、政策引导、监督管理和提供教育公共服务的主体责任。

二是政府履行教育职责评价需要明确关键指标。对地方各级人民政府履行教育职责情况进行评价，首先要明确评价的重点内容与关键指标，既要形成有效约束，又不增加地方的迎检负担。《总体方案》明确了督导评价省级政府履行教育职责的三个关键性约束领域：是否全面贯彻党的教育方针和党中央关于教育工作的决策部署？是否有效落实教育优先发展战略（包括组织领导、发展规划、经费投入、资源保障等方面）？是否着力解决人民群众普遍关心的教育突出问题？此外，《总体方案》要求省级政府结合实际，细化国家层面确立的评价内容和指标，对下一级政府履行教育职责进行督导评价。这就需要因地制宜，细化并完善地方具体实施的评价内容和指标，并适时进行动态调整。

三是政府履行教育职责评价需要遵循基本原则。为了确保评价的科学性、可操作性和有效性，《总体方案》强调终结性评价与过程性评价相结合，既评估最终结果，也考核努力程度及进步发展，聚焦查找问题、研判问题和解决问题，契合教育评价的中国国情和国际趋势。

四是政府履行教育职责评价是教育督导职能的延续与深化。改革开放以来，很长一段时间内，督政是教育督导工作的重点任务。

《总体方案》延续并深化了对地方各级人民政府履行教育职责的督导评价传统，对于保证党的教育方针的正确落实、党的重大教育决策部署的有效贯彻、教育改革和发展的顺利进行，引导地方政府优先发展教育事业，提高基本的公共教育服务能力和水平，具有重要意义。

二、政策沿革及实施效果

政府履行教育职责评价的开展始于改革开放初期教育督导机构的恢复设立。1978年，国家在教育部普教司内设视导室，任命了4名教育部巡视员，以督政为主要内容实施教育督导，教育督导机构恢复重建。1983年，教育部提出《建立普通教育督导制度的意见》，要求县以上教育行政部门设立督导机构。1984年至1985年，广州、沈阳、南京等地相继建立或恢复了视（督）导室。1991年，国家教育委员会颁布《教育督导暂行规定》，确立了教育督导的督政和督学的双重任务。到1998年，我国基本形成了覆盖中央、省、市、县四级的教育督导网络，以及专职和兼职相结合的教育督导队伍。

2000年，原国家教育委员会教育督导团更名为国家教育督导团，启用"国家教育督导团"印章，督政职能得到进一步确认。2001年，《国务院关于基础教育改革与发展的决定》再次明确，坚持督政与督学相结合。2012年，国务院教育督导委员会成立，由分管教育的国务委员担任主任，成员包括教育部、发展改革委、公安部、财政部、监察部等10个部委的相关负责人，教育督导体制更加健全，教育督导权威性进一步提高。2012年，国务院出台《教育督导条例》，重申对政府履行教育工作相关职责的督导与对学校教育教学工作的督导并重，监督与指导并重的原则。2016年，教育督导团办公室更名为教育督导局，加挂国务院教育督导委员会办公室牌子。督政与督学的体制机制基本定型，其重点是对政府履行教育职责的情况进行常规的综合督导。

2017年，《国务院办公厅关于印发对省级人民政府履行教育职责的评价办法的通知》发布，对省级人民政府的教育履职情况建立了全面的、常规性的评价制度，实现了政府履行教育职责评价的全覆盖。该通知明确规定，对省级人民政府履行教育职责的评价是指对省级人民政府领导、管理、保障、推进本行政区域内教育事业改革发展稳定工作有关情况的评价。评价的内容主要包括省级人民政府贯彻执行党的教育方针情况，落实教育法律、法规、规章和政策情况，各级各类教育发展情况，统筹推进本行政区域教育工作情况，加强教育保障情况和学校规范办学行为情况6个方面。中央领导强调要让教育督导"长牙齿"，评价工作每年开展一次，可根据国家教育事业发展的总体目标、当年重点任务和存在的突出问题，制定年度评价工作重点、实施细则。

2018年，国务院教育督导委员会办公室启动了对省级人民政府履行教育职责的督导工作，同时要求省级人民政府督促指导各地开展市、县级人民政府履行教育职责评价。对省级人民政府履行教育职责评价的测评体系中，一级指标6个，二级指标38个，三级指标92个，实地督查点覆盖全国所有的省级行政单位。2019年，实地督查点调整为5年一轮全覆盖，每年重点对5～8个省级单位进行实地督查（至少减少了75%），二级指标精简为15个，三级指标精简为25个（精简了约73%），减轻了基层的迎检负担。

2019—2020年，对地方政府履行教育职责的督导和评价强调地方自查与国家督查相结合、线上监测与线下评估相结合、定性评价与定量评价相结合、发展性评价与结果性评价相结合、正面引导与问题导向相结合，要求各省在自查自评中突出重点；规定实地督查时应针对2～4项突出问题进行专项督查督办，灵活采用座谈、暗访等多种方式全面深入地了解真实信息；委托第三方评价机构，运用评价监测平台和"互联网+调查"的方式，完成评价指标数据的采集与分析、网络评价和满意度调查工作，获取各地的问题线索及教育政策与措施的落实情况。国务院教育督导委员会办公室"一对一"地向受检省份反馈意见，明确指出存在的主要问题，有针对性地提出整改意见，并视整改情况组织"回头看"，重点督查整改落实情况；同时，综合各阶段的评价结果，形成国家年度评价总报告向社会公开。评价结果是对地方政府及有关部门和领导干部进行考核、奖惩以及对教育系统内省级教育资源进行配置的重要依据。

总体说来，对地方政府履行教育职责的督导评价工作进展顺利，取得了较好的效果，但这仍然是教育督导工作中的薄弱环节。四级督导机构的职责划分有待明确，督导评价结果的使用有待加强，督导方式方法相对单一，督导人员的专业性、权威性有待提高。

三、国内实践和国际经验

据不完全统计，上海、天津、浙江、山东、云南、四川、湖北等地的省级政府教育督导委员会都开展了对市、县（市、区）级人民政府履行教育职责情况的督导评价工作。山东、湖北、云南等地开展了地级市人民政府教育督导机构对辖区内区县级人民政府履行教育职责情况的督导评价工作。天津、浙江则由省市级人民政府教育督查组直接开展对区县级人民政府履行教育职责情况的实地督查。上海市人民政府对区县级的督查评价为5年一轮。天津市则每3年开展一次。2016年开始，安徽省人民政府教育督导委员会办公室对县（市、区）党政领导干部履行教育职责督导情况进行考核赋分，对先进干部分等级进行表彰。

上海市教育督导工作长期处于全国前列，为国家制定政府履行教育职责督导评价政策积累了实践经验。上海市早在2005年就建立了区县人民政府履行教育职责年度自评和5年一轮综合督导评估制度。2016年，上海市教育委员会、上海市人民政府教育督导室出台的《关于对区县政府开展依法履行教育责任综合督政工作（2016—2020年）的实施意见》指出，上海市人民政府教育督导室拟用5年时间，对各区县城乡义务教育一体化发展情况、未成年人思想道德建设工作情况、学生健康促进工程暨体教结合工作情况、学前教育发展情况、现代职业教育发展情况、语言文字工作推进情况开展综合督导评价工作。上海市还出台了对区县政府推进城乡义务教育一体化发展督导评价指标体系。

各省对辖区内市县级人民政府履行教育职责的督导和评价覆盖

以下内容：贯彻执行党的教育方针情况，落实教育法律、法规、规章和政策情况，各级各类教育发展情况，统筹推进本行政区域教育工作情况，加强教育保障情况，学校规范办学行为情况，年度教育工作目标任务完成情况等。这些内容与国家层面确立的评价内容和指标完全一致，各地也结合教育改革发展的重点任务、关键领域、突出短板有所侧重。

例如，上海市重点对区县政府领导职责、教育改革与发展、经费投入与管理、办学条件、教师队伍建设、教育管理、城乡教育一体化发展7个方面进行督导评价。又如，山东省淄博市的评价内容包括18项履职底线评价指标、6项降低等级指标、108个评分点，同时，将党的建设、职业教育经费投入、学前教育发展、普职比、中小学校舍安全、中小学差异系数等列为关键领域。

各地按照市县自查自评、书面材料集中评审、第三方监测、满意度调查、实地督查等程序形成评价报告。实地督查主要采取听取汇报、查阅档案资料、调阅账册、随机抽取部门及学校、开座谈会、个别访谈、暗访、召开反馈会等多种形式进行。评价结果是对市县级人民政府及其有关部门的领导班子、领导干部进行考核、奖惩和选拔任用的重要依据。

总体来说，各地陆续启动对市县级人民政府履行教育职责情况的督导评价工作，评价内容、评价方式、评价结果的使用等与国务院开展的对省级人民政府履行教育职责的评价保持高度一致，并体现了地方特色。

从国际视角看，国外督导机构主要有完全独立型、准独立型、分散职能型三种类型。无论哪种类型的督导机构，都没有对地方政府履行教育职责进行督导评价的任务。很多国家都将教育督导结果作为学校教育质量评价的主要标准，相关的政府拨款、学校评级、教师测试都会以此为准。例如，英国每3年一次的中小学评估由英国教育标准局（Office for Standards in Education，OFSTED）实施。这个机构是一个由英国女王直接任命的学校监督官员组成的监管机构，不隶属于英国教育部，但它通过教育部向议会汇报工作。其主要职能是对所有公立学校以及一小部分私立学校的教育质量进行定期审查，并汇总学校取得的成果。如果OFSTED给予一所学校的鉴定结果显示优秀，那么该校的声誉会有极大的提高，而且每年的政府拨款中也会有额外奖励。

四、政策实施的建议

（一）明确四级督导机构的职责

2012年9月，国务院出台的《教育督导条例》虽然对中央和地方教育督导机构的职责做了简要划分，但四级督导机构职责权限不明的问题依然存在。目前，部分省份市县级政府督政工作由省级督导机构完成，省级、地市级督导机构职责划分不明确，各地县级督导机构对乡镇政府履行教育职责的督导评价工作开展不多。建议按照县级实地督导、省市级监督指导、国家总体监管的原则，对四级教育督导机构的职责进行合理划分。

（二）强化教育督导结果的使用

建立督导结果公开通报制度，建立督导整改落实跟踪督察制度，建立奖惩问责制度，打破督导结果在教育行政部门内循环的惯例，形成政府、教育部门、社会多方联动机制，加大问题的整改力度，确保督导有为有效。将评价结果作为考核领导班子、领导干部个人的依据，也作为干部奖惩、干部选拔任用、教育资源分配的重要依据。

（三）改进督导的方式方法

在听取汇报、查阅档案资料、开座谈会、实地走访学校、现场抽查、开展问卷调查、随机访谈等的基础上，运用评价工作监测平台，采用"互联网+调查"的方式，将定性评价与定量评价相结合、发展性评价与结果性评价相结合、正面引导与问题导向相结合，提高教育督导结果的科学性、全面性和权威性，逐渐从以监督为目的、视察为主要手段的控制型督导，发展为以指导为目的、评价为主要手段的服务型督导。

（四）正确处理督政与督学指标的替代合并关系

督政的很多指标既反映政府履行教育职责的情况，也反映教育改革发展的情况。督政与督学存在密切的关联性，建议统筹推进督政督学工作，合理归并部分指标，或以督学的部分指标代替督政的指标，实现一个指标两个用途，简化督导指标和程序，减轻地方的迎检负担。

（五）完善教育督导体制机制

目前，各级教育督导机构事实上仍然是教育行政部门的下属部门。因此，我们迫切需要厘清人民政府教育督导委员会与教育行政部门督导机构的关系，保持教育督导工作的相对独立性。各级教育督导委员会办公室应设置为同级人民政府的单设机构，独立于教育行政部门行使职能，教育行政部门不再设立督导局、督导室等机构。

改变以升学率考核评价教育工作的做法

　　《总体方案》提出，"各级党委和政府要坚持正确政绩观，不得下达升学指标或以中高考升学率考核下一级党委和政府、教育部门、学校和教师，不得将升学率与学校工程项目、经费分配、评优评先等挂钩"。这一政策就各级党委和政府如何考核评价下一级党委、政府、教育行政部门以及学校的工作，提出了明确要求。

一、政策提出的现实意义

　　当前，各级党委、政府以及教育行政部门等衡量学校教育质量的标准比较单一，以学生的考试成绩和升学率来评价学校的办学水平和质量仍是常态。

"升学率"这一指标属于结果性评价方法中的内容，在评价目的上偏重选拔、鉴定功能，忽略了教育全面培养、提高学生的综合素质等方面的作用。这种评价标准在现实中也导致了许多教育问题的出现。此前的各类教育热点事件，包括"高分复读生""深圳高考移民""超级中学掐尖招生"等，背后均反映出以升学率为教育评价标准的错误导向。有些学校为了提高升学率，将工作重心从提高教育质量转为抢夺优秀生源，损害了当地的教育生态；有些学校为了提高教学成绩，违反规定划分"快慢班"。这不仅与素质教育改革的初衷相违背，而且不利于学生综合素质的提高以及各地教育生态的可持续发展。

此外，教育质量不仅受到学校教育系统自身因素，如资金投入、师资、教学管理等的影响，而且受到学校教育系统无法控制的因素，如家庭教育、学生智力等的影响。升学率这种简单的评价指标无法公正、客观地反映学校的教育质量，也不能为教育决策和管理提供准确、有效的信息。因此，破除"唯升学"的错误导向十分必要。

二、政策沿革

近年来，已有多项政策明确提出，改变以升学指标或片面以升学率为标准对各级政府、学校及教师进行考核的做法。

早在1999年，《中共中央 国务院关于深化教育改革，全面推进素质教育的决定》提出，建立符合素质教育要求的对学校、教师和学生的评价机制。各级政府不得下达升学指标，不得以升学率作为评价学校工作的标准。2002年，《教育部关于积极推进中小学评价与考试制度改革的通知》再次强调，要改变长期以来以升学率作为唯一标准评价学校教育质量的做法，各级教育行政部门不得以升学率作为评价学校的标准。

2007年，《国家教育事业发展"十一五"规划纲要》提出，深化教育教学改革，克服片面追求升学率的错误倾向，切实减轻中小学生过重的课业负担。2008年，《教育部关于做好义务教育学校教师绩效考核工作的指导意见》指出，不得把升学率作为考核指标。2012年，《国务院关于加强教师队伍建设的意见》发布，要求健全教师考核评价制度，严禁简单用升学率和考试成绩评价中小学教师。

2013年，《教育部关于推进中小学教育质量综合评价改革的意见》提出，基本建立体现素质教育要求、以学生发展为核心、科学多元的中小学教育质量评价制度，切实扭转单纯以学生学业考试成绩和学校升学率评价中小学教育质量的倾向。2019年发布的《中共中央　国务院关于深化教育教学改革全面提高义务教育质量的意见》更是明确要求，党政有关负责人要牢固树立科学教育观、正确政绩观，严禁下达升学指标或片面以升学率评价学校和教师；建立以发展素质教育为导向的科学评价体系。

综上所述，历年的政策除了关注扭转以升学率为指标，对学校教育质量进行评价的做法外，还不断健全教师评价制度，禁止以升学率为指标考核教师。但是，政策的重点多在转变以升学率为指标考核学校工作的做法上，对各级党委以及政府的评价方式关注不够；同时，没有明确提出禁止将升学率与学校各项评奖评优、经费分配等与学校发展切实相关的利益分配挂钩这一要求。《总体方案》不仅没有局限于规定对学校考核的标准，而且强调了要转变各级党委、政府的教育考核要求；但是，还需要进一步明确与落实具体要求。不以升学率为指标后，如何对各级党委、教育部门、学校进行评价，保证评价的公平性、权威性？各地在这一问题上应该有一个大致的方针，这也应是下一步的研究重点。

三、国内实践和国际经验

虽然多年来各项政策三令五申，但是以升学率为指标对区域内学校以及教师进行教学质量评价，并进行奖惩的现象依然存在。如何改变以升学率为评价标准的做法？我们可以参考国内和国际上的一些经验。

从国内各地的实施情况看，不同地区提出了不同的对策。2014年，山东省发布《关于推进基础教育综合改革的意见》，提出建立区域教育质量综合评价制度，建立包括学生学业水平、学生学习动力、学生课业负担、班额标准化、师生关系、教师教学方式、校长课程领导力、家长满意度等指标的评价体系，对县域教育质量进行综合评价；改革学校校长评价制度，建立"底线管理+特色发展"的中小学办学评价体系。江苏省在教师职称评价改革中重视师德，决定改变以往简单地用学生升学率和考试成绩评价中小学教师的办法，要求所有申报高一级职称的教师，均需从严遵守《新时代中小学教师职业行为十项准则》的要求，全面考查师德表现。

从国际上看，发达国家对学校以及教师的评价是综合性的。日本的学校评价基于提升学校整体水平的目的，涉及学校教育目标的评价、课程计划的评价、学生生活指导的评价、学校人事管理的评价、学生日常管理的评价、教职员及其进修情况的评价等。美国为了保证学校质量的提高，在学校指标体系中设置了分层级、分类别的评价指标，并针对当前学校问责制面临的挑战开展了相应的规划设计。

四、政策实施的建议

要想切实扭转单纯以考试分数衡量学生的发展水平、以升学率评价教育质量的倾向，我们要结合评价主体的差异性进行考核，通过改变唯升学的评价导向，促使教育从"应试"模式向"育人"模式转变。

在对教育行政部门以及学校进行考核评价时，各级政府要建立详细的教育质量政绩标准，淡化竞争性教育政策；建立多元互动评价体系，根据不同的评价标准和评价主体的不同特点，赋予各评价标准、评价主体特定的分值比例，构建学校、教师、学生和家长共同参与的多元的学校评价体系。

在对教师的考核评价中，明确学生成绩在教师考核评价中所占的比重，因为不以升学率为指标不代表完全回避学生成绩，可以根据不同学段的特点，对比重予以差别化规定；进一步突出对师德的要求，通过个人陈述、征求意见、第三方测评等方式对师德进行全面考查。

不得以中高考成绩为标准奖励师生

《总体方案》提出，"不得通过任何形式以中高考成绩为标准奖励教师和学生"。之前，每年中高考成绩一放榜，高分考生及其教师总能成为各方的焦点。除了媒体频繁报道外，各地区的政府、企业、学校等也会纷纷送上奖励以示鼓励。奖励方式越来越多样，涉及的金额也越来越大，"赠房产""送汽车"等现象层出不穷。多地政府都有高考奖励政策，更有甚者将高考奖惩写进了政府的红头文件。重金奖励逐渐演变成一些地区和学校招揽优秀生源和优秀教师的举措，奖励的性质慢慢变了味。因此，给这种风气"泼一盆冷水"就成为一种迫切需要。

一、政策提出的现实意义

禁止各级政府以中高考成绩为标准奖励师生十分必要。对中高考高分考生及其教师进行物质奖励，这种行为带有强烈的功利色彩，会营造拜金氛围，掩盖教育本身的意义。以中高考成绩为标准，政府带头给予高分考生及其教师物质奖励，容易打乱素质教育的节奏，造成当地教育生态的破坏。如果这种奖励手段被一些学校利用，那么可能导致恶性抢生源、抢教师事件的发生。

政府奖励高分考生，也许本意是帮助成绩优秀的学生缓解生活与求学方面的资金压力，为广大学生树立奋斗的目标，激发大家更加努力地学习，吸引更多的优质生源来本地区就读；奖励高分考生的教师，也许本意是促使教师更加积极地投入教学中。但是，从教育的角度看，各种形式的物质奖励容易使学生形成金钱崇拜的价值观，使师生形成唯分数论的教育质量观，与素质教育背道而驰，甚至会进一步加剧教育不公，使真正需要资金帮扶的贫困学子被忽略。

政府投入的资金应该用于改善教育环境、均衡教育资源、提升教育水平，使更多的学生享受到更优质的教育，创建人民满意的教育，而不是倾注在高分教育上。

此外，政府对国家资金的管理，应当秉承使用合理、支出适度、接受监督的原则。一些地区给予当地高分考生高额的物质奖励，缺乏支出依据，造成了资金管理行政权力的滥用。因此，禁止各级政府以中高考成绩为标准奖励师生的政策需要尽快明确并落实。

二、政策沿革

这一现象已经逐步引起了教育部门的关注。2017年，江苏省教育厅出台了《关于进一步规范学校管理切实减轻中小学生课业负担的意见》，要求各地政府及教育部门不得以任何形式对学校下达高（中）考升学指标，不得以高（中）考升学率或考试成绩为标准进行排名和奖励。2019年，《教育部办公厅关于做好2019年普通中小学招生入学工作的通知》指出，严禁以高额物质奖励、虚假宣传等不正当手段招揽生源。但是，该政策主要针对的是学校，还没有明令禁止政府对中高考高分考生进行奖励的行为。

综上可以发现，针对各级政府以中高考成绩为标准对师生进行物质奖励的行为，之前并没有具体的政策对此进行严格的规范与监督。本次改革明确提出不得以中高考成绩为标准奖励教师和学生，是一大进步与突破，进一步强调了"不唯分"的教育改革目标。此外，除了禁止政府的奖励行为，对于一些媒体、企业等以中高考成绩为标准对师生进行宣传和奖励的行为，教育部门或相关单位也可以考虑加以引导。

三、政策实施的建议

仅有一纸禁令是不够的，我们还需要通过行政手段来进行管理和监督。

首先，落实监管主体的责任，明令禁止各级政府以中高考成绩为标准对师生进行各种形式的奖励的做法，进一步明确违反规定后的惩处措施。对一些媒体宣传奖励高分考生的内容的行为，也应当进行必要的限制。

其次，发挥教育督导检查的作用，警惕各类变换花样的奖励行为，尤其在中高考成绩放榜期间等特殊时期，加强对政府奖励行为的监督，发现一起，查处一起。

最后，改变以中高考成绩为依据的奖励标准，加大对弱势地区与弱势人群的教育投入，促进教育公平。只有这样，才能为教育改革提供有力的支持与保障。

严禁公布、宣传、炒作中高考"状元"和升学率

《总体方案》提出，"严禁公布、宣传、炒作中高考'状元'和升学率"。近年来，教育部一直要求对"状元榜"进行冷处理，高校也不得对新生成绩进行排名。在这种社会背景下，《总体方案》明确提出禁止公布、宣传、炒作中高考"状元"，对于遏止这种表面上是推崇"状元"，实质是崇拜分数的风气有重要作用。

一、政策提出的现实意义

公布、宣传、炒作"状元"对教育综合评价改革有弊无利。首先，推崇"状元"、宣扬高分，只能进一步固化应试教育观念，继续强化

"唯分数""唯升学"的错误导向，不利于国家倡导、推行素质教育改革，造成各地区、各学校以升学率、达标率为评价学校、校长和教师的尺度，容易加剧各地、各校中高考的竞争，加重学生应试的负担和压力。

其次，炒作中高考"状元"不利于教育资源的平衡以及教育公平机会的回归。中高考成绩突出或者"状元"辈出的学校，往往更容易招收到优质生源，并且进一步导致"掐尖"招生、跨区域招生等违规的招生行为出现，恶化区域教育生态。这样一来，区域内教育的优质均衡发展恐难以实现。

最后，过分地宣传中高考"状元"的成绩，容易给广大学生造成一定的竞争压力，影响其自我认知和自我评价。有学者指出，推崇"状元"甚至会进一步影响广大学生未来对自我的认知和人际关系，导致常常处在成绩排位竞争压力下的学生，会习惯利用排序思维去处理人际关系，不利于学生身心健康发展。

正因为如此，公布、宣传、炒作中高考"状元"违背了素质教育的基本精神，备受诟病。如果将分数作为衡量学生素质的唯一标准，各学校竞相攀比，那么毫无疑问，教育也将被引向歧途。现实社会急需一场禁止炒作"状元"的政策"及时雨"。

二、政策沿革

从2004年开始，教育部就三令五申，要求禁止炒作"状元"，叫停高校炒"状元"的行为，要求各高校不对新生的成绩进行排名，但是一直收效不大。

2017年，《教育部办公厅关于坚持正确导向规范高考成绩发布和相关宣传工作的通知》明确规定，要加强监督管理，坚决刹住炒作"高考状元""高考升学率"等不良风气。2018年，《教育部办公厅关于做好2018年普通中小学招生入学工作的通知》中提出10项禁令，其中规定"严禁初高中学校对学生进行中高考成绩排名、宣传中高考状元和升学率，教育行政部门也不得对学校中高考情况进行排名，以及向学校提供非本校的中高考成绩数据"。这一禁令首次明确地将禁止宣传"状元"、升学率纳入高考总体安全框架，有助于刹住"状元"炒作之风。

部分省市也先后出台了相关政策，禁止炒作中高考"状元"、宣扬中高考成绩的行为。从2008年开始，山东省就不再把高考成绩提供给各地的教育部门或学校了，高考成绩只向考生本人开放。2012年，广东省拿出"狠招"，如果高考成绩位列全省前十名，该成绩就会被查分系统技术屏蔽，考生自己也无法得知具体分数和排名。2017年，江苏省采取了不向社会公布高考成绩排名，高考成绩只提供给考生本人的做法。湖南省、陕西省等地也实行严格追责制，若学校出现炒作高考成绩的行为，约谈学校负责人和主管部门负责人，依据有关规定严肃追究当事人及相关领导的责任。

在近年对炒作"状元"的行为不断加强整治的情况下，《总体方案》继续强调政策的落实和实施，进一步给各级政府、媒体等上"紧箍咒"，明确表示"状元"炒作之风不可取，其背后社会、学校、学生盲目追求高分的教育行为不可行。

三、政策实施的建议

严禁公布、宣传、炒作中高考"状元"和升学率的政策应如何落实？我们可以考虑从以下几个方面入手。

（一）建立严格的追责制度

严禁宣传中高考"状元"、升学率，一旦发现类似的行为，严肃处理。这些要求和责罚条款必须再次细化，提高实施的可行性和可操作性。比如，严禁到什么程度、怎样严肃处理等都需有明确的规定，以便落实。

（二）推行中高考信息保密制度

中高考成绩除告知考生本人和相关录取单位外，不得提供给其他单位和个人，从源头上加以控制，杜绝中高考"状元"炒作的可能性。从招生环节来看，虽然中高考成绩排名不向学校和社会公布，但主管部门随时可以查阅；高考录取批次线、学校投档线，以及各科类的分段人数情况仍向社会公开，保证录取的公平、公正。

（三）加强督导检查，建立定时检查制度

"禁炒令"要想达到预期效果，离不开督导检查与规范指导。在包括中高考期间在内的整个升学阶段，开展全过程、全方位的督导检查，督导组需要定期对不同区域进行督导巡视，尤其是在中高考成绩放榜期间，应加强监督力度。教育的目的不是促使学

生取得较高的分数，而是促进他们成长和完善。淡化"状元"，淡化排名，是对教育本质的回归。不对"状元"进行渲染和炒作，坚持"五育并举"，不把取得高分并升入理想学校作为教育的唯一目标，只有这样，才能还原教育的意义和使命。

坚持把立德树人成效作为根本标准

培养什么样的人，是教育要解决的首要问题。培养德智体美劳全面发展的社会主义建设者和接班人是新时代教育工作的根本任务，也是教育现代化的方向目标。

一、政策提出的现实意义

（一）立德树人关系着国家的前途命运和民族的未来发展

习近平总书记指出："我国是中国共产党领导的社会主义国家，这就决定了我们的教育必须把培养社会主义建设者和接班人作为根本任务，培养一代又一代拥护中国共产党领导和我国社会主义制度、立志为中国特色社会主义奋斗终身的有用人才。这是教育工作的根本任务，也是教育现代化的方向目标。"由于教育具有基础性、先导性和全局性，把立德树人作为教育的根本任务，关系着教育事业的长远发展，关系着国家的前途命运和民族的未来发展。只有坚持立德树人，不断培养德智体美劳全面发展的社会主义建设者和接班人，才能让党和国家事业兴旺发达、后继有人，才能推进伟大事业、实现伟大梦想。

（二）把立德树人成效作为根本标准是克服教育唯分数的重要途径

学生的发展应该是德智体美劳全面的发展，学校和教师不能重智轻德，使学生只会动脑、不会动手、没有德行。国无德不兴，人无德不立。德是第一位的，具有根本性和引领性的作用。要教育、引导学生"扣好人生第一粒扣子"，从做好小事、管好小节起步，踏踏实实修好品德，培育和践行社会主义核心价值观，做到明大德、守公德、严私德，成为有大爱、大德、大情怀的人。

立德树人明确以"全程、全员、全方位"的整体观，以长远的眼光强调教育的育化式发展；既关注学生个体的生命成长、个体尊严与价值意义，又将学生长期的个体发展与社会和国家的发展相结合。立德树人倡导以足够长的时间、足够多的耐心来成就每一个人，不放弃任何一个人，是真正的"树人成才"。

二、政策实施的关键

在改革学校评价的过程中，把立德树人成效作为根本标准的关键是保障立德树人考核评价的科学性、专业性。

（一）要考查学校德育体系的建设情况

要充分认识到社会主义核心价值体系对于学校思想政治和德育工作的重要意义和价值；要考查社会主义核心价值观进教材、进课堂、进学生头脑的情况，以及学科教师在传授知识和培养能力的同时，将积极的情感和正确的价值观自然地融入课程教学全过程的成效；要考查学校是否把党的教育方针和社会主义核心价值观细化为学生核心素养体系和学习质量标准，并融入各学科的课堂教学之中；要考查立德树人的过程中教学方法改革创新的情况。

（二）要考查育人载体的丰富性

要考查学校德育、智育、体育、美育、劳动教育方面的内容、活动形式、活动频次。是否正在创建文明校园，是否创建了劳动教育实验区、研学旅行实验区、家庭教育实验区等都要作为学校评价指标。

（三）要评价学校是否建立了科学有效的学生评价机制

办学治校必须要遵循教育规律，针对学生的个体差异，冲破传统"以学习成绩论好坏"的误区，激励每位学生健康成长，科学地评价学生，引导学生全面发展。学校必须完善学生的发展性评价机制，在学生全面发展的基础上关注多元的个性成长。

（四）要考量学校是否建立了以师德考核为先的教师评价体系

习近平总书记强调："评价教师队伍素质的第一标准应该是师德师风。"高素质的教师队伍应该既表现为师德高尚，又表现为水平高超，也就是我们经常说的"学为人师，行为世范"。因此，学校应建立健全科学、合理的教师考核评价体系，改革并完善教师分类评价机制，从师德、教学、科研、社会服务质量等维度来综合评价教师，并提高教师职业道德素养在教师评价体系的比重，引导广大教师以德立身、以德立学、以德施教，执着于教好书、育好人，履行好传道授业解惑、启智明理尚德的职责。

师德的考核指标和程序要公开、公平。师德考核制度在某种意义上是考核部门与教师的双向"契约"。在师德考核制度的制订过程中，要广泛吸收教师参与，获得教师的充分认同，有效避免师德考核形式化。

三、政策实施的建议

（一）政府应将立德树人成效作为各类评价的核心内容

各级政府应将落实党对学校工作的全面领导，加强和改进学校党的建设及思想政治工作、意识形态工作的情况作为学校评价的重要内容，为落实立德树人根本任务提供坚强保证。政府应引导各级党委把教育事业的发展摆在重要位置；引导学校各级党组织对学校工作实行全面领导，承担管党治党、办学治校的主体责任，把方向、管大局、做决策、保落实；引导各类学校的党建工作围绕立德树人这个中心工作开展。

（二）学校应建立内部质量检测评价制度

学校应制定相关的评价流程，保证评价科学有效；学校应制定评价手册，明确发展方向。评价不是把学生分成三六九等，而是让每个学生都能通过努力达到自己的发展目标，获得成功的体验。建立学校内部质量检测评价制度应遵循的原则是：注重学生发展的过程轨迹，鼓励全面发展基础上的个性成长，强调包括学生自评、同学互评、家长评价、学科教师评价、班主任评价在内的全员参与性评价。

（三）加强家庭教育和社会教育方面的工作

教育从来不是学校单方面的任务，办好教育事业需要家庭、学校、政府和社会的共同努力。家庭是人生的第一所学校，父母是孩子的第一任老师，有责任给孩子讲好"人生第一课"，有责任帮助孩子扣好人生第一粒扣子。每个孩子都处于社会之中，教育、妇联等部门要统筹协调社会资源支持服务家庭教育。全社会要担负起青少年成长成才的责任。

完善幼儿园评价

办好学前教育、实现幼有所育，是党的十九大做出的重大决策部署，是党和政府为老百姓办实事的重大民生工程，关系亿万儿童健康成长，关系社会和谐稳定，关系党和国家事业未来。近年来，我国发布了《幼儿园工作规程》《幼儿园教育指导纲要（试行）》《3—6岁儿童学习与发展指南》《中共中央　国务院关于学前教育深化改革规范发展的若干意见》等重要文件，对幼儿园规范发展进行政策引导。要想在实践中落实以上政策，幼儿园评价工作必须进一步完善。

一、政策提出的背景

党的十八大以来，我国学前教育事业快速发展，表现为资源迅速扩大、普及水平大幅提高、管理制度不断完善，"入园难"问题得到有效缓解。同时，我们也要看到，由于底子薄、欠账多，学前教育仍是整个教育体系的短板，发展不平衡、不充分的问题十分突出，主要表现在以下几个方面。

（一）学前教育"小学化"倾向突出

根据3～6岁幼儿的身心发展规律，学前教育的主要任务应该是保教并重，而不是不顾幼儿身心发展规律的"拔苗助长"。但是，升学竞争压力不断向下传导，以至于学前教育阶段出现了"小学化"的倾向，严重违背了幼儿的成长规律和教育规律，危害了幼儿的身心成长。在这种环境压力下，一些幼儿园片面迎合社会上畸形的教育评价标准，尤其是部分家长的偏好，把竞争意识过早地引入幼儿的学习生活中来，偏离了"零起点"教学的要求，使本该坚守的科学的教育价值观变得模糊不清，不但影响了幼儿的成长，而且影响到教师尤其是年轻教师的业务成长方向，可谓后患无穷。因此，已经到了必须纠偏的时候。

（二）幼教队伍建设滞后

近几年来，我国学前教育规模飞速发展，但学前教师队伍建设相对滞后，学前教育生师比偏高。一些幼儿园教师在保育和保教方面的素养较差、经验不足、能力较弱，在一定程度上影响了保教并重的质量，甚至助长了学前教育"小学化"的不良倾向。我国学前教育发展驶入快车道，幼儿园教师队伍建设工作要坚持以问题为导向，不断深化改革创新，在教师补充配备、培养培训、资格准入、管理改革、师德建设等方面取得突破。

（三）监管体制机制不健全，部分幼儿园尤其普惠性幼儿园在安全卫生、管理规范等方面存在问题

2010年11月，《国务院关于当前发展学前教育的若干意见》下发，提出"积极扶持民办幼儿园特别是面向大众、收费较低的普惠性民办幼儿园发展"，开启了中国普惠性幼儿园建设的探索历程。2018年11月，《中共中央　国务院关于学前教育深化改革规范发展的若干意见》出台，提出到2020年，普惠性幼儿园覆盖率达到80%。普惠性幼儿园存在底子差、师资差、管理薄弱等问题，在安全卫生等方面时有问题发生，社会声誉低、认同度差。在促进普惠性幼儿园提质增效的过程中，如何加强质量监控，确保其规范办园，是个需要长期探讨的问题。

二、政策的具体内容

科学保教、规范办园、安全卫生、队伍建设等方面存在的问题以及幼儿园的"小学化"倾向严重影响了3～6岁幼儿的身心健康发展，严重遏制了我国学前教育的健康发展。为防止和纠正幼儿园

"小学化"，国家将制定幼儿园保教质量评估指南，通过进一步强化保教并重的观念、细化保教细则、强化学前教育师资培训，将符合学前教育规律的教学目标、教学定位、教学动作清晰准确地渗透到幼儿园教师的观念与保育行为中。

幼儿园保教质量评估指南必须坚持问题导向，以《幼儿园工作规程》《幼儿园教育指导纲要（试行）》《3—6岁儿童学习与发展指南》为主要依据，以幼儿园在科学保教、规范办园、安全卫生、队伍建设和克服"小学化"倾向等方面的具体措施为主要内容，在这些领域重点攻坚，最终引导幼儿园以幼儿身心健康成长为其工作的出发点和落脚点，促进我国学前教育健康发展，满足人民群众对满意教育的追求。

（一）科学保教

遵循幼儿身心发展的规律和学习特点，珍视游戏和生活的独特价值，充分尊重和保护其好奇心和学习兴趣，创设丰富的教育环境，合理安排一日生活，最大限度地支持和满足幼儿通过直接感知、实际操作和亲身体验获取经验的需要，严禁"拔苗助长"式的超前教育和强化训练。重点评估幼儿园的教育理念与目标、教育内容与形式、教育计划与方案、活动组织实施、师幼关系等情况。

（二）规范办园

加强幼儿园的科学管理，严格规范办园行为，严格执行幼儿园组织机构管理、经费管理与使用、招生、家长参与幼儿园管理等方面的规章制度。

（三）安全卫生

保证幼儿的安全，杜绝侵害幼儿事件的发生；注重幼儿安全教育，培养幼儿的安全意识。建立幼儿园卫生制度，严格执行膳食营养、卫生消毒、健康检查、疾病防控、安全风险管控、校车及使用情况等方面的规定。

（四）队伍建设

加强教师队伍建设，提高教师队伍职业素养。重点评估幼儿园园长、教师、保育员、卫生保健人员、炊事员和其他工作人员的数量及资格资质，教职工专业成长，师德师风建设和权益保障等情况。

（五）克服"小学化"倾向

严格抵制盲目追求"提前学习""超前教育"的社会风气，坚持幼儿园的办园方向和正常的教育教学秩序，尊重幼儿的人格和权利，尊重幼儿身心发展的规律和学习特点，以游戏为基本活动，关注个别差异，促使每个幼儿富有个性地发展。

三、政策实施的建议

各省、自治区、直辖市需要根据各自情况，以幼儿园保教质量评估指南为依据，对科学保教、规范办园、安全卫生、队伍建设和克服"小学化"倾向等主要内容加以细化，因地制宜，出台幼儿园质量评估详细标准。

通过规范办园办学行为，各地将本辖区各类幼儿园纳入质量评估范畴，定期向社会公布评估结果，一方面接受公众的监督和反馈，另一方面把家长和社会对学前教育和小学教育的预期引到科学的路径上来。从这个角度来看，行动就是最好的宣传。只有从能管住、管好的地方和环节入手，把科学的教育价值观变成看得见、摸得着的教育获得感，才能使家庭和社会发自内心地认同科学的保教理念，才能从根本上保证科学保教、规范办园，扼制幼儿园"小学化"的不良倾向，保证幼儿健康成长。

改进中小学校评价

　　学校评价政策是学校评价工作实施的重要制度保障，学校评价政策的实施目的是促进学校发展，提高教育质量。从全球范围来看，开展学校评价已成为各国、各地区保持学校和政府之间张力的有效手段，成为在学校力量、政府力量和社会力量之间取得平衡的有力措施。长期以来，"唯分数论""唯升学论"是影响我国义务教育质量的两大痼疾，过度重视分数、过于强调排名，既不利于学生的德智体美劳全面发展，又严重影响了学校的健康发展。如何克服"唯分数论""唯升学论"的倾向，健全我国中小学校评价体系，是新时代我国教育发展亟须解决的重要问题。

一、政策提出的现实意义

我国现行的中小学校评价制度是随着我国改革开放逐渐发展起来的，长期以来表现出规范和约束学校办学行为的明显倾向。这主要表现在三个方面，在实践中分别显现出一些问题。

首先，长久以来，我国的中小学校评价以规范和约束学校办学行为为评价的主要目的，其具体表现是用统一的评价标准来评价不同类型的学校，其直接后果是压抑了学校人员的办学主动性和创造性。一方面，受到上级各种规章制度的制约，学校人员疲于应付上级各种检查和验收，学校缺乏办学自主权和发展空间，学校人员既提不出符合本校特色和条件的办学理想，又缺乏自我发现问题、解决问题的能力；另一方面，由于评估标准和办法不够公开、透明，学校无所适从，不得不花费大量的时间和精力琢磨上级行政人员的意旨，从而使办学缺乏活力和特色，造成"千校一面"的局面。

其次，长久以来，我国的中小学校评价以鉴定和验证学校是否达到既定标准为评价的主要功能。我国现行的中小学校评价基本上属于以分等和验收为主要功能的鉴定性评价，它对保证学校办学的基本水准、规范学校的办学行为起着非常重要的作用。随着我国教育事业的发展，这种"一把尺子丈量天下"的评价方式已经越来越不能适应当前学校发展的要求。

最后，中小学校评价以自上而下的行政督导评价为主要手段。中小学校评价主要是教育行政部门和政府教育督导室控制下的总结性综合评价，从方案制定、指标筛选、过程实施到结果评判，都由主管部门操作，学校处于被动地位，缺少主动性和积极性；再加上评价结果与学校利益紧密相关，所以，学校评价的过程也就成了学校最佳状态的表演过程而非学校常态的展示过程。这些都势必造成学校的紧张和焦虑。

在学校物质条件不足和办学水平不高的情况下，在学校办学质量参差不齐的现实状况下，尤其是在基础教育地方负责制的背景下，"大一统""自上而下"的学校评价体系对于促使地方政府落实教育战略地位，保障教育投入和促进学校的标准化、规范化建设是非常重要的；但是，从学校的长远发展来看，从学生的全面发展来看，从师资的成长来看，中小学校评价的指标都需要从总结性指标向发展性指标转变，从单一的升学率指标向多维指标转变。

二、政策实施的重点

中小学校评价切忌眉毛胡子一把抓，要重点突出、方向明确。具体来讲，不仅要考虑中小学校自身的发展特点，而且要回应社会的关注。从中小学校自身的发展特点来看，为完善义务教育治理体系，深入实施素质教育，促进教育公平，推动学校依法办学、科学管理，教育部于2017年研究制定了《义务教育学校管理标准》（以下简称《标准》），为义务教育学校评价提供了重要的依据，丰富了学校评价的内涵。《标准》提出的保障学生平等权益、促进学生全面发展、引领教师专业进步、提升教育教学水平、营造和谐美丽环境、建设现代学校制度6个方面，应该成为中小学校评价的重点内容。从社会关注的问题来看，对学业负担过重、社会满意度不高等问题的关注度高居榜首，不容忽视。鉴于以上考虑，中小学校评价的重点内容可放在以下几个方面。

（一）保障学生平等权益

主要考查中小学校能否平等地对待每位学生。具体来讲，维护学生平等入学的权利，保障适龄儿童少年平等接受义务教育的权利；建立控辍保学工作机制，确保学生不会无故缺勤、辍学；满足需要关注的学生的需求，不让一名学生因学习情况、家庭状况、身体状况、性别等因素而受到歧视，为残疾儿童、留守儿童或其他有特殊需要的儿童提供必要的帮助，尽可能满足其特殊需求。

（二）促进学生全面发展

主要考查人才培养质量。具体来讲，通过形式多样的课程和校内外活动，提升学生道德品质，解决好"为谁培养人""培养什么样的人"的问题；帮助学生学会学习，培养学生的学习自信心，养成良好的学习习惯，培养学生良好的思维品质，培养学生终身学习的能力；增进学生身心健康；提高学生艺术素养；培养学生生活本领。

（三）引领教师专业发展

主要考查教师队伍建设和教师整体素质，包括加强教师管理和职业道德建设、提高教师教育教学能力，以及建立教师专业发展支持体系等方面。

（四）提升教育教学水平

主要考查人才培养质量，包括建设适合学生发展的课程、实施以学生发展为本的教学、建立促进学生发展的评价体系、提供便利实用的教学资源4个方面的具体内容。

（五）营造和谐美丽环境

建立切实可行的安全与健康管理制度；建设安全卫生的学校基础设施；开展以生活技能为基础的安全健康教育；加强校园文化建设，营造健康向上的学校文化，创建平安校园、和谐校园，为师生创造安定有序、和谐融洽、充满活力的工作、学习和生活环境。

（六）建设现代学校制度

主要考查依法办学、自主管理、民主监督、社会参与的现代学校制度建设情况。具体包括提升依法科学管理能力，建立健全民主管理制度，拓宽师生、家长和社会民众参与学校治理的渠道，构建和谐的家庭、学校、社区合作关系，推动学校可持续发展。

（七）减轻学生学业负担

主要考查学校是否存在超纲教学、作业量是否科学合理、音体美课程能否正常进行，从而考查学校是否能够保证科学健康的教学秩序，保证学生的健康成长、全面发展。

（八）提高社会满意度

主要考查学校是否能够密切关注社会和公众的关切与不满，并积极、主动地做出有建设性的回应，加强社会和公众的理解，提高社会满意度。

三、政策实施的建议

中小学校评价是指挥棒，牵涉社会的方方面面，影响广大的学生、教师和家长。因此，必须要切实保证政策能够真正落地，并且要落在实处。这就要求国家要制定义务教育学校办学质量标准，同时，完善国家义务教育质量监测制度，加强监测结果的运用。

（一）国家层面要制定义务教育学校办学质量标准

第一，组织专门力量出台实施细则，将保障学生平等权益、促进学生全面发展、引领教师专业发展、提升教育教学水平、营造和谐美丽环境、建设现代学校制度、减轻学生学业负担、提高社会满意度等重点评价的8个方面层层分解，保证各个指标的可测性。

第二，组建专门的专家团队，为省级行政部门提供业务指导，在评估方法、评估手段、评估技术等方面，为有需要的省份提供专家咨询和技术协助。

第三，各省级教育行政部门根据本省的实际发展状况，对相应指标做适当调整，最大程度地提高评价的可操作性。

第四，行政部门负责本省中小学校评价的数据采集、分析等具体工作；有条件的地区，还可以提供针对学校发展的学校诊断报告。

第五，各中小学校根据教育行政部门的要求，提供真实、有效的数据。

（二）完善国家义务教育质量监测制度，加强监测结果的运用

2015年，国务院出台《国家义务教育质量监测方案》，正式启动义务教育质量监测工作。这对于推动政府提高决策的科学性和管理的有效性，指导学校改进教育教学，实施素质教育，不断提升义务教育质量具有十分重要的意义。2019年，《中共中央　国务院关于深化教育教学改革全面提高义务教育质量的意见》提出，"建立以发展素质教育为导向的科学评价体系，国家制定县域义务教育质量、学校办学质量和学生发展质量评价标准"。这一论述从义务教育的实际出发，构建了一个立体化的评价体系，对健全与完善我国义务教育质量监测制度提出了新要求，也为进一步完善中小学校评价提供了新思路。具体来讲，它提出了制定县域义务教育质量、学校办学质量和学生发展质量评价标准，切实回答了如何建设教育强县、如何打造好学校、如何培养全面发展的学生，避免了"唯分数""唯升学"的功利化倾向。这是对过去过度重视分数、排名的全面纠偏，是对学生全面发展的正本清源。这三个评价标准进一步从地方政府、学校、学生方面完善了国家义务教育质量评价监测体

系，是新时代检验义务教育质量的重要方法。

具体来说，如何建设教育强县？要制定县域义务教育质量评价标准。义务教育实行以县为主的管理体制，县域义务教育质量评价突出考查地方党委和政府对教育教学改革的价值导向、组织领导、条件保障和义务教育均衡发展等方面的情况，明确要求党政有关负责人严禁给学校下达升学指标，或者片面以升学率来评价学校和教师，这是对政府和领导干部提出的明确要求和评价导向。如何打造好学校？要制定学校办学质量评价标准，突出考查学校坚持全面培养、提高学生综合素质以及办学行为、队伍建设、学业负担、社会满意度等方面的情况。如何培养全面发展的学生？要制定学生发展质量评价标准，突出考查学生品德发展、学业发展、身心健康、兴趣特长和劳动实践等方面的情况。

此外，还要切实加强监测结果的运用，把县域义务教育质量的评价结果作为考核地方政府履行义务教育管理职责的重要依据，把学校办学质量和学生发展质量的评价结果作为考查中小学校的重要依据。

制定普通高中办学质量评价标准

　　科学、合理的普通高中学校评价体系为教育政策的制定、教学管理的加强和教育质量的提高提供了决策依据，对普通高中更好地肩负起立德树人的培养任务具有至关重要的意义。普通高中学校只有通过改革和完善评价标准，才能适应新时代的新要求、完成新任务。

一、政策提出的现实意义

（一）普通高中学校评价改革是新时代全面深化教育综合改革的迫切要求

　　党的十八届三中全会通过的《中共中央关于全面深化改革若干重大问题的决定》对教育领域

的深化改革提出了明确的要求。回答好"培养什么人、怎样培养人"的问题是各级各类教育组织的重要任务。注重全过程、全方位育人，努力培养德智体美劳全面发展的社会主义合格建设者和接班人，都是贯彻党的教育方针，落实党的十八大、十九大相关会议精神，实施教育综合改革的体现。国家越来越关注学生的素质教育和全面发展。高考制度改革已经进入从"单一考试"向"多元评价"、从"统一录取"向"自主录取"、从"传统管理"向"现代化管理"发展的路径。高考成绩将不再是学生的唯一评价标准，升学率也将不再是普通高中的唯一评价指标。普通高中亟须对育人模式进行转型，需要建立一个以学生发展为本的、科学的学校办学质量评价指标体系来科学地评价学生和学校，推动普通高中教育质量的不断提升，促进高中教学模式的转型，引导社会树立正确的教育质量观，不要再把升学率看作评价学生和学校的唯一标准。改革原有的评价体系势在必行。

（二）普通高中评价改革是适应新时代高中育人模式改革的必然要求

改革开放以来，特别是21世纪以来，我国普通高中发展迅速，毛入学率逐年攀升。我国高中教育发展的主要矛盾开始由数量不足转向质量不高。新时代的普通高中面临着前所未有的机遇和挑战，面临着社会转型带来的深刻思想变化和人才培养的更高要求。办学活力不足，育人方式千篇一律，传统的教育方式在应对社会转型带来的新问题、新情况、新要求等方面已经暴露出诸多的不协调情况。

为了适应新时代，普通高中必须转型发展。随着素质教育的持续推进和新时代人才培养的新要求的提出，普通高中教育进入内涵式发展阶段，对育人模式变革提出了更高的要求。近年来，普通高中教育改革持续推进。2014年3月，《教育部关于全面深化课程改革落实立德树人根本任务的意见》发布。2014年9月，《国务院关于深化考试招生制度改革的实施意见》发布，提出高考改革的主要任务和措施，要求改进招生计划分配方式、改革考试形式和内容以及改革招生录取机制等。2014年12月，《教育部关于普通高中学业水平考试的实施意见》和《教育部关于加强和改进普通高中学生综合素质评价的意见》发布，正式启动了普通高中的课程修订工作。高中课程改革的进行，影响和带动了高中教育的整体改革。《普通高中课程方案（2017年版）》中明确指出，"我国普通高中教育是在义务教育基础上进一步提高国民素质、面向大众的基础教育，任务是促进学生全面而有个性的发展，为学生适应社会生活、高等教育和职业发展作准备，为学生的终身发展奠定基础"。新时代，普通高中的高质量发展要求高中学校帮助学生获得发现自我、发展自我和成就自我的能力，普通高中育人模式的转型就是为了达到这一目的。

2019年6月，21世纪以来国务院办公厅出台的第一个关于推进普通高中教育改革的重要纲领性文件《国务院办公厅关于新时代推进普通高中育人方式改革的指导意见》发布，其中对普通高中的培养体系、课程实施、教学组织管理、学生发展指导、考试和招生制度、师资和条件保障等方面提出了明确具体的要求，围绕推进普通高中新课程改革和高考综合改革，全面提高普通高中教育质量，确立了普通高中育人方式改革的指导思想和改革目标。伴随着评价对象——普通高中教育教学的改革和发展，原有的评价体系必须经过改革才能起到以评促建的作用。

（三）各地普通高中评价改革的实践探索为改革积累了经验

尽管面临着高考的压力，多年来，各地普通高中在教育质量评价改革中依然进行了积极而有价值的探索。很多普通高中在"何为教育质量""怎样评价才能确保教育质量"等方面进行的探索，极大地改变了人们对于教育质量和教育评价的认识。上海市提出的中小学生学业质量绿色指标评价，山东省实施的素质教育和普通高中综合评价改革等，都为普通高中教育评价改革积累了实践经验。同时，全国各地相关的学术机构、高等院校的专家学者，以及中小学教育工作者，从理论方面也对普通高中教育评价改革进行了大量的研究，奠定了普通高中教育评价的理论基础。实践层面和理论层面的积累，为普通高中评价改革的顺利进行提供了可靠的支撑和充分的保障。

二、政策实施的关键

当前，普通高中面临着我国高中阶段教育基本普及的新形势和高质量发展的新要求，普通高中办学质量评价体系及标准的缺失，导致学校缺乏明确的办学标准和目标，出现了简单地以高考升学率评价学校的问题。具体而言，我国普通高中评价主要存在以下问题。一是没有具体的评价指标，难以引导普通高中朝着以育人为核心的办学方向发展，导致普通高中形成参差不齐、质量不一的办学格局。二是没有具体的量化评分标准，难以掌握不同质量、不同水准学校之间的差异。三是缺乏激励和惩罚机制，缺乏标杆导向功能。因此，建立完善的普通高中办学质量评价标准是完善督导评估制度、推动新时代普通高中更高质量发展的关键。

要进行普通高中学校评价改革，首先要构建科学的评价指标体系。《国务院办公厅关于新时代推进普通高中育人方式改革的指导意见》指出，到2022年，"德智体美劳全面培养体系进一步完善，立德树人落实机制进一步健全""适应学生全面而有个性发展的教育教学改革深入推进，选课走班教学管理机制基本完善，科学的教育评价和考试招生制度基本建立，师资和办学条件得到有效保障，普通高中多样化有特色发展的格局基本形成"。这一文件确立了新时代普通高中办学的质量体系：一是高举立德树人的旗帜，二是高举核心素养的旗帜，三是高举健康教育的旗帜，四是高举美育工作的旗帜，五是高举劳动教育的旗帜。按照当前国务院、教育部关于普通高中办学和发展的战略目标以及新时代普通高中办学质量体系的新要求，为满足新时代人才培养的新需要，围绕从根本上解决教育评价指挥棒的问题，普通高中学校评价改革要重视以下几个方面。主要评价促进学生全面发展的情况，注重过程性评价而不单单是结果性评价，扭转和摒弃原有的单纯以升学率评价学校的倾向，改革普通高中办学质量评价标准，加大对学生综合素质评价的实施力度，激活综合素质评价的育人功能，通过对开展学生指导情况的评价，提升学生全面发展指导的方向感和有效性。同时，在评价中也要增加优化教学资源、有序推进选课走班、规范招生办学行为等方面的评价权重。

三、政策实施的建议

（一）政府层面

制定统一的普通高中学校评价标准，细化各项指标内容，科学确定各评价内容所占权重。而且，评价指标和评价内容要有可操作性。兼顾农村学生和城市学生的差别，处理好评价的公平性问题。

指导、监督各级教育部门和普通高中对国务院、教育部相关政策的落实情况，成立专业的督导、宣讲团队，对各普通高中的教育教学等育人过程进行指导。

逐渐将学生综合素质评价的结果纳入高校的招生体系中，体现综合测评的价值，实现综合素质评价和考试升学之间的"硬挂钩"。严格控制各种评价评比活动，禁止对中小学校进行任何形式的排名。对改进教育教学、提高教育质量成效显著，发挥示范辐射作用突出的学校，给予支持和奖励。

（二）学校层面

做好宣传引导工作，将国家、教育部门的相关政策和文件宣传到位，让每位教师认识到高考制度、高中课程、高中学校评价等各项工作改革的现实意义和必然要求，上下要统一思想，支持和践行学校各项改革工作。

成立专门的部门，对接上级教育部门的学校评价和评估部门，管理和执行要畅通。建立科学、合理的管理制度框架，包括诚信制度、责任制度、监管制度和惩罚制度。

建立科学的教育质量观，系统地设置课程。落实好学生综合培养和综合评价两大任务，重视学生核心素养的培养。按照国家和教育部相关文件的要求，坚持立德树人，做好人才培养工作，认清高中学生综合素质评价的目的是利用综合素质评价，改变以分数为衡量学生发展状况的唯一指标的现状。建立发展性评价体系，与终结性评价相结合，实行学生学业成绩和成长记录相结合的综合评价方式。细化评价指标，科学确定综合评价的主体，成立专门的评价小组，引入第三方评价机构，探索具有学校特色的评价方法，确保学生综合评价科学、合理、有效。

做好学生发展指导工作，培养选拔合格的指导人员，建立学生发展的档案机制，建立学生发展信息共享平台，构建学生发展指导的环境生态体系。贯彻落实好《国家中长期教育改革和发展规划纲要（2010—2020年）》提出的在普通高中建立学生发展指导制度的要求，满足高中学生多样化的需求，提高学生的综合素质，加强对学生的理想、心理、学业等多方面的指导。

建立家校合作的组织机构、监督与评价体系，做实家校合作的运行过程，注重计划性和持续性，向家长和学生做好必要的学校课程与教学规划、实施方案以及学生发展状况的通报和沟通。

总之，普通高中要在新的育人体系建设上下功夫。建立学生发展指导体系，建立个性化课程供给体系，建立跨学科综合教学体系，建立综合实践育人体系，建立"评价—反馈—改进"教学体系，打通高中与高校人才培养体系。切实做到用课程标准全面引领高中教学，修不满规定学分不能毕业，强化综合素质评价，规范学业水平考试，通过考试命题改革推进素质教育，破除唯分数录取模式。

（三）家长层面

充分认识到普通高中学校评价改革对于培养具有较高综合素质的学生，使其更好地形成完善的人格，为未来生活做好准备的重要意义。理解和支持高中教育整体改革的开展。

提升家长的共育意识。家长要配合学校教育，对学生的综合、全面发展给予必要的条件保障和必要指导。鼓励孩子积极参加社会实践和文体活动，加强艺术修养，全面发展个人兴趣与特长，提高综合素质。

健全职业学校评价

　　党的十八大以来，以习近平同志为核心的党中央站在党和国家发展全局的高度，把职业教育摆在了前所未有的突出位置。《国家职业教育改革实施方案》的印发，再一次表明了党中央、国务院加快发展现代职业教育的坚定决心。该文件是当前和今后一个时期指导职业教育的纲领性文件。职业教育要实现从政府举办为主向政府统筹、社会多元办学的格局转变，从追求规模扩张向提高质量转变，从参照普通教育办学模式向企业社会参与、专业特色鲜明的类型教育转变。要实现这"三个转变"，改革职业学校评价是关键一环。《国家职业教育改革实施方案》明确提出，建立健全职业教育质量评价和督导评估制度。

一、政策提出的背景

与中央的要求和经济社会发展的需要相比，我国职业教育还面临着吸引力不强、办学特色不鲜明、支持力度不平衡、企业参与办学的积极性不高等问题。我国需要建立起对职业学校科学的评价方法，引导职业教育健康发展。改革并健全职业学校评价迫在眉睫。20世纪末以来，随着我国高职教育的快速发展，我国先后开展了两轮人才培养评估，也开展了中等专业学校办学水平试点评估、重点中等职业学校评选、示范中职校遴选与建设评估等工作，为推动职业教育的发展起到了积极的促进作用。但由于经济社会转型的过程性和职业教育发展的阶段性，以往评估的局限性也逐渐显现。从评价内容看，侧重学校教育的内容，侧重普通教育的内容，对职业教育最核心的内容尤其是技术技能和职业素养等方面的评价相对薄弱。从评价方式看，存在着学历证书与职业资格证书"两张皮"现象，两者不融通，没有考虑学校职业教育的特点和要求。从评价主体看，缺乏教育行政部门的统筹规划，行业参与不足，导致教育系统与其他相关部门在职业教育人才评价体系建设上没有形成合力。从评价效果看，缺乏将职业教育作为一种类型教育的评价机制，缺乏对复合型技术技能人才评价体系的整体设计和制度支撑。此外，职业教育作为一种类型教育，是一个大的范畴概念，应该也包括应用型本科教育乃至专业硕士研究生教育。但目前，在职业教育的高层应用方面，如何科学地进行人才评价，无论在理论上还是在实践上基本处于空白状态。

二、政策的具体内容

第一，突出过程评价。重点评价学校在德技并修、产教融合、校企合作、育训结合、学生获取职业资格和职业技能等级证书，以及"双师型"教师队伍建设等方面的情况，提高人才培养质量。

职业学校也必须落实好立德树人根本任务，人才培养要以德为先，健全德技并修机制，德育要贯穿人才培养的全过程。产教融合、校企合作、育训结合是职业学校的突出办学特色，生均校外实训基地实习时间、企业订单学生所占比例、企业提供的校内实践教学设备值、专业与区域产业匹配度等是职业学校评价的核心指标。毕业生职业资格证书获取率，是衡量职业教育质量的重要体现。"学历证书+若干职业技能等级证书"制度试点（即1+X证书制度试点）工作，体现了职业教育作为一种类型教育的重要特征，是落实立德树人根本任务、完善职业教育和培训体系、深化产教融合与校企合作的一项重要的制度设计。建立"双师型"教师资格准入、任用管理制度。"双师型"教师是办好职业学校的重要保障。要建立健全分层分类的职教教师专业标准体系，明确国家对新时代"双师型"教师素养的要求。

第二，强化结果评价。加大学生就业率、就业岗位与专业匹配度在学校评价中的权重，提高就业质量。

职业学校要坚持面向市场、服务发展、促进就业的办学方向。学生毕业后所从事的工作与所学专业的匹配度，能反映出学校专业建设适应市场要求的能力。要加大直接就业率、毕业生就业去向、专业匹配度等与就业相关的指标在职业学校评价中的权重。专业发展能力是职业学校适应社会需求的重要支撑，学校要围绕适应经济社会的需求和学生的发展开设专业，专业设置要对接产业，注重适应产业发展的要求。

第三，完善功能评价。加大职业培训、服务区域和行业的评价权重，鼓励职业院校开展高质量的职业培训。

获得业内认同是一所职业学校办得好的重要表现。专业与当地产业匹配度、技术服务与培训服务对所在区域的贡献情况等，是体现学校服务区域发展能力的重要指标。在相关行业中，用人单位、接受学校服务的机构对学校的人才培养和技术服务质量具有最直接的感受，行业的反馈是完善功能评价的重要手段。

三、政策实施的建议

在国家层面，教育部会同其他相关部门，贯彻全国教育大会精神，依据《中华人民共和国职业教育法》，按照"职教20条"，以《高等职业院校适应社会需求能力评估暂行办法》与《中等职业学校办学能力评估暂行办法》为基础，出台适应新时代要求的职业学校评价办法。

由国务院教育督导委员会办公室制定评价指标和标准，按照统一的程序和要求组织实施，引入第三方机构开展评估。

学校依据评价内容和指标组织完成相关数据表格与调查问卷的填写，撰写完成自评报告并报送省级教育行政部门。职业学校要在学校门户网站公布自评报告。

省级教育行政部门结合学校自评报告，撰写完成省级评估报告，上报并向社会公布。同时，对学校数据填报进行指导和过程监督。

教育督导委员会办公室按管办评分离的原则，委托第三方机构基于学校相关数据信息和省级评估报告，形成国家评估报告，并向社会公布。

省级教育行政部门依据评价结果指导和督促学校整改，解决学校办学过程中的主要困难和问题，优化专业布局，提高学校服务当地经济建设和社会发展的能力。

推进高校分类评价

《总体方案》提出，"推进高校分类评价，引导不同类型高校科学定位，办出特色和水平"。

一、政策提出的背景

2020年，我国普通高校2738所，研究生培养机构827个，全国各类高等教育在学总规模已达到4183万人，高等教育毛入学率为54.4%。高等教育正在大踏步跨越普及化的门槛。在高等教育向大众化、普及化迈进的过程中，各层次、各类别的高校扮演的角色显然应是有所不同的。为促进不同类型、不同层次的高校在科研水平、人才培养、学科建设、社会服务、文化引领等方面找准定位、各展所长，改进高等学校评价、实施高校分类评价是关键性举措。此措施将有利于不同类型、不同层次的高校明确各自的任务分工，扭转同质化发展倾向。

二、政策的具体内容

高校要想实现科学发展，必须遵循一定的规则，受到应有的约束。任由其漫无边际地扩张或发展会带来巨大的社会问题，如资源浪费、人力资源的"短缺"与"富余"并存等。分类评价的目的是为高校发展提供更加自由、宽松的环境，避免重复建设、恶性竞争。分类评价不是为了排座次、排名，而是为了实现分类、分层建设，科学发展。

三、政策实施的建议

第一，明确分类评价的主体范围。当前，我国公立高校仍然是实施高等教育的主力军，它们需要国家在政策和资金上给予巨大的扶持。没有国家这个后盾作为支撑，我国高等教育的格局是很难想象的。拥有高等教育的主要投资人、产权所有人、政策制定及提供者等诸多角色的政府，理应是推进分类评价的主体，是标准和依据的主要决定人。当然，政府可以吸纳权威的社会机构及著名的专家学者参与其中。

第二，注重高校分类评价的科学性。推进分类评价最重要的就是要有科学的依据，科学的依据保障其分类的科学性。对高等学校进行分类，关键环节之一是解决分类的依据问题，也就是分类标准的设计。因为分类的依据不同，所形成的高等学校分类框架和方案也会不同。

第三，充分考虑高校分类评价体系的科学性、可行性、历史延续性及动态平衡性。分类评价体系应当符合中国高等教育的基本特征，要坚持统筹兼顾、多元发展，激发不同类型、不同层次的地方高校争创各种类型、层次的一流。

改进本科教育教学评估

《总体方案》提出，"改进本科教育教学评估，突出思想政治教育、教授为本科生上课、生师比、生均课程门数、优势特色专业、学位论文（毕业设计）指导、学生管理与服务、学生参加社会实践、毕业生发展、用人单位满意度等"。

一、政策提出的背景

从世界范围看，高等教育的发展都在回归本科教育。进入新时代，我国高等学校经过多年的高速发展，全面振兴本科教育已达成广泛共识，即所谓"本科不牢，地动山摇"。

首先，要坚持把立德树人作为中心环节，

把思想政治工作贯穿教育教学的全过程，实现全程育人、全方位育人。其次，要创新人才培养机制，提升学生学业成就，促进学生的专业发展与提升。为此，要发挥好评价的指挥棒作用，进一步改进与完善相应的评价体系。

二、政策的具体内容

要以立德树人为根本目标，改进本科教育教学评估，突出思想政治教育、教授为本科生上课、生师比、生均课程门数、优势特色专业、学位论文（毕业设计）指导等直接关系立德树人成效的指标。坚持以学生为本，健全教学支持服务体系，建立有利于学生成长成才的教学管理制度。完善高校教学名师奖励制度，形成激励教授上讲台、知名专家和学者给本科生讲授基础课的长效机制。加强学风建设，使师生严格遵守教学秩序和学术规范，营造师生自主探索、学术自由争鸣的氛围。完善高等教育质量保障体系，切实提高高等教育质量。要逐步建立以高等学校自评为基础、政府评估与第三方评估机构评估相结合、社会和公众广泛参与的评估体系。

三、政策实施的建议

本科教育教学评估是教育部对普通高等学校本科办学水平和教育质量进行评判的一种形式，是依据一定的教学目标与教学规范标准，通过对学校教学情况的系统检测与考核，评定其教学效果与教学目标的实现程度，并做出相应的价值判断以期改进的过程。本科教育教学评估是政府自上而下的行政行为，国家及其教育管理部门是评估主体。政府参与评估虽然在一定程度上确保了评估的权威性，但这种自己评价自己的模式毕竟不是最佳选择。明智的办法是政府摈弃事必躬亲的做法，将权力下放，由第三方评估机构对高校进行评估。政府负责把握大方向，一方面为第三方评估机构的建立创造条件，另一方面对第三方评估机构进行元评估。这样既顺应了当前的国际趋势，又符合近年来大众对政府职能转变的要求，即变管理者为服务者。

改进学科评估

《总体方案》提出，"改进学科评估，强化人才培养中心地位，淡化论文收录数、引用率、奖项数等数量指标，突出学科特色、质量和贡献，纠正片面以学术头衔评价学术水平的做法，教师成果严格按署名单位认定、不随人走"。

一、政策提出的背景

近年来，以学术头衔、论文数量等来衡量学术水平的做法引发了很多争议。以评促建，引导高等教育实现内涵式发展是学科评估的根本任务。学科评估应在衡量学术水平时，纠正片面做法，在评价指标和方法上进行专门设计，实现高等教育内涵式发展。

二、政策的具体内容

摒弃仅以学术头衔评价学术水平（俗称"数帽子"）的片面做法。比如，"长江学者"等头衔，不会被自动换算成分值，而是由专家综合考虑教师水平、队伍结构、国际影响程度等因素后，对学术水平进行评价。统计成果所属单位时也做了专门设计，成果按"署名单位"认定，不随人走，这有助于抑制"抢帽子"等人才无序流动现象的发生。同时，着力构建充分体现质量导向的学术论文评价方法，克服唯论文数量和唯国外期刊的评价方式。除部分学科外，不再统计论文发表总数，而是以"代表性论文"进行同行评议。合理把握中外期刊论文的综合评价，强化中国期刊在评价中的重要作用，特别规定代表性论文必须包含一定比例的中国期刊论文（特别是哲学社会科学学科），不断提高中国期刊的影响力，鼓励优秀成果优先在中国期刊发表。

三、政策实施的建议

一是坚持正确的政治方向，尤其是对哲学社会科学学科的评价，要求贯彻落实习近平总书记在哲学社会科学工作座谈会上的讲话精神，贯彻落实研究生教育综合改革有关文件精神。

二是坚持"基于客观事实的主观评价"的方法，要求专家充分依据材料中的客观数据等事实，进行综合研判，确保评议的客观性。

三是安排足够规模的专家和调查对象，保证结果的效度。比如，全国第四轮学科评估共有13000多名同行专家、23万学生和15万用人单位联系人参与了主观评价。

四是关注专家分布。学科声誉调查原则上每个参评单位都要有一名专家参与，确保评估公平公正。

五是通过开放的"代表性案例"评价，充分体现不同地区、不同类型高校的差异性发展成果和服务地方经济社会发展的贡献，克服"一把尺"评价学科的弊端。

探索建立应用型本科评价标准

《总体方案》提出，"探索建立应用型本科评价标准，突出培养相应专业能力和实践应用能力"。

一、政策提出的背景

加快转变经济发展方式，要求应用型高校向现代生产服务一线提供既掌握现代科学技术知识，又接受过系统技能训练的应用型、复合型、创新型人才，特别是产业链高端的技术技能人才。为实现培养应用型人才的目标，在本科教育阶段，应用型高校应体现自身的教育教学特点，达到相关的评估要求，形成自身鲜明的特色。

二、政策的具体内容

应用型高校应探索建立应用型本科评价标准。具体包括以下几个方面。

第一，人才培养。适应地方经济发展需要，符合学校应用型人才培养目标定位，有细化的专业应用型人才培养标准和规格，进行科学合理的应用型特点的知识的传授和能力的培养。

第二，专业建设。符合学校办学定位和办学思想，有措施、有动态调整机制，定位准确，专业集群发展，突出应用特色，水平不断提高。

第三，课程建设。制定应用型课程建设规划，优先建设专业核心（主干）课程，不断更新教学内容，开展课程资源开发，建设合格课程，打造精品课程，培育双语课程。

第四，教材编写。注重应用型教材的编写和选用。

此外，还有针对课堂教学、实验实训教学、实习、毕业论文（设计）与综合训练、社会实践等教学活动的主要环节制定的各类教学环节标准。

三、政策实施的建议

制定出人才培养、专业建设、课程建设等主要教学环节的质量评价标准，并不断完善，使各个教学环节做到有据可依、有章可循。

评价方式方面，一要注重发挥行业、企业的评估作用，二要积极引入第三方评估机构开展质量评价与认证。

制定"双一流"建设成效评价办法

《总体方案》提出，"制定'双一流'建设成效评价办法，突出培养一流人才、产出一流成果、主动服务国家需求，引导高校争创世界一流"。

一、政策提出的背景

世界一流大学和世界一流学科（以下简称"双一流"）建设是我国高等教育改革发展的重大战略决策，关系着国家的核心竞争力。其根本使命，就是要服务国家需求，培养造就一大批具有国际水平的战略科技人才、科技领军人才、青年科技人才和高水平创新团队，为建设科技强国、质量强国、航天强国、网络强国、交通强国、数字中国、智慧社会提供有力支撑；就是要瞄准世界科技前沿，加强基础研究和应用基础研究，提升原始创新能力，着力实现前瞻性基础研究、引领性原创成果重大突破，突出关键共性技术、前沿引领技术、现代工程技术、颠覆性技术创新，不断增强国家创新发展能力和核心竞争力，在国家创新体系中进一步发挥主力军作用。为此，要加快制定"双一流"建设成效评价办法，突出培养一流人才、产出一流成果、主动服务国家需求。

二、政策的具体内容

在"双一流"建设名单公布后，"双一流"建设进入新阶段，工作思路和工作任务进一步深化，工作重心从遴选建设高校和建设学科转换到有效推进实施上来，建设高校也从凝练学科方向、编制建设方案转化到全面落实上来。要充分借鉴国际上的经验和做法，加大改革力度，加强系统谋划，完善绩效评估，健全过程管理和动态监测制度，建立"双一流"建设的动态推进机制。

三、政策实施的建议

一是建立共识度高、参与度高的大学绩效评估标准。这些标准体现在人才培养、学科建设、科学研究、社会服务等诸方面。

二是组建一支专业化的评委队伍。评委队伍大部分应由独立于政府和高校的第三方专家学者组成。

三是积极引入第三方评价，对建设过程实施动态监测，强化跟踪指导。对实施有力、成效显著的高校，加大支持力度；对实施不力、进展缓慢、缺乏实效的高校，减小支持力度。

改进师范院校评价

《总体方案》提出，"改进师范院校评价，把办好师范教育作为第一职责，将培养合格教师作为主要考核指标"。

一、政策提出的背景

20世纪末，国家提出鼓励综合性高等学校和非师范类高等学校参与培养、培训中小学教师的工作，探索在有条件的综合性高等学校中试办师范学院，其目的是想打破师范教育自成体系的封闭性，通过综合性大学和非师范类高等学校的参与，提高教师队伍的建设质量。与此同时，不少师专、师院热衷于升格，不关心教师培养；部分师范院校转型为综合大学后，不仅不把力量放在加强师范专业教育上，反而抽调师范专业教师去充实其他新建学科。师范院校的第一职责应当是培养合格教师。这一职责的履行情况，应当作为评价师范教育质量的主要考核指标。

二、政策的具体内容

坚持教师教育要以师范院校为主、师范院校以培养教师为主的原则，引导师范院校合理定位。鼓励师范院校综合考虑区域布局、师范生招生规模、办学水平等因素，积极整合校内教育资源，组建实体化的教师教育学院、初等教育学院、学前教育学院等教师教育基地，切实提升师范生培养能力。

三、政策实施的建议

支持师范院校根据办学定位和学科专业发展规划，按有关规定增设师范类本（专）科专业，并通过转型或压缩非师范专业，努力扩大师范专业所占比例。改进招生计划分配办法。通过增量安排和存量调整的方式，支持有条件的师范院校扩大师范类专业的招生规模。

坚持把师德师风作为第一标准

《总体方案》提出，"坚决克服重科研轻教学、重教书轻育人等现象，把师德表现作为教师资格定期注册、业绩考核、职称评聘、评优奖励首要要求，强化教师思想政治素质考察，推动师德师风建设常态化、长效化"。

一、政策提出的现实意义

师德师风不仅包括一切教育工作者从事教育活动必须遵守的道德规范和行为准则，而且包括与之相适应的道德观念、情操和品质。为确保"为谁培养人"这个核心问题落到实处，教师首先必须在师德师风上是合格的、达标的，否则就容易在培养目标上出现偏差。强化师德师风评价不仅是改善教风、学风的有力手段，更是培养社会主义建设者和接班人的有效措施。

（一）符合新时代教育发展的基本规律

教育大计，教师为本。教师是落实立德树人根本任务的责任主体和实施主体。2018年5月，习近平总书记在北京大学师生座谈会上首次明确提出评价教师队伍素质的第一标准应该是"师德师风"，这为加强新时代教师队伍建设，全面提升教师队伍素质指明了方向。2018年9月，习近平总书记在全国教育大会上提出重要的"九个坚持"，其中第九条就是"坚持把教师队伍建设作为基础工作"，深刻揭示了教育发展的基本方向。

（二）是建设高素质专业化教师队伍的必然要求

《教育部2019年工作重点》中提出，"加强教师队伍建设提振师道尊严"。近年来，师德师风建设取得了明显的成效，绝大多数教师都敬重学问、关爱学生、严于律己、为人师表，受到了学生的尊敬和爱戴。但随着社会主义市场经济的快速发展及教育体制改革的不断深化，教师评价中还存在一些重科研轻教学、重教书轻育人等不容忽视和亟须解决的问题。因此，加强师德师风建设是建设高素质专业化教师队伍的必然要求，防范教师师德失范行为是打造高素质专业化教师队伍的必然选择。

（三）为新时代教师自我成长提供了依据

人民群众对教育的需求日益增长，知识获取方式和传授方式、教和学的关系都发生了革命性变化。因此，对教师队伍的能力和水平也提出了新的、更高的要求。落实教师职业行为准则，明确新时代教师职业规范，是对广大教师的警示提醒和严管厚爱，是造就政治素质过硬、业务能力精湛、育人水平高超的高素质教师队伍的重要举措，也为教师严格自我约束、规范职业行为、加强自我修养提供了基本的遵循依据。

二、政策提出的背景

（一）国家相关政策的发布为师德师风评价奠定了基础

2016年，中共中央印发《关于深化人才发展体制机制改革的意见》，提出改进人才评价考核方式，明确要"坚持德才兼备，注重凭能力、实绩和贡献评价人才，克服唯学历、唯职称、唯论文等倾向"。

2018年，《中共中央 国务院关于全面深化新时代教师队伍建设改革的意见》从师德建设、培养培训、管理体制改革、教师待遇、保障措施等方面系统部署了教师队伍建设改革任务。

2019年，中共中央、国务院印发《中国教育现代化2035》，要求建设高素质专业化创新型教师队伍。教师队伍建设进入全面提档升级、提质增效的新阶段。

（二）对师德师风的社会关注度日益提高

基础教育中的有偿补课、幼儿园虐童、打骂体罚……一桩桩影响恶劣的揪心事件在不经意间不仅让教师的职业形象大打折扣，而且在拷问着全社会的灵魂。如果连基础教育都突破了道德底线，那么我们的未来到底会怎样？高校教师中重科研轻教学、重教书轻育人的现象也仍然存在。在"互联网+"时代，这些不良的师德失范行为必然会引起社会愤懑与焦虑。一些主流媒体的相关报道和评价，充分发挥了强有力的舆论监督作用，引起了社会公众对师德问题的广泛关注。

三、国际经验

一些国家对师德师风进行了规范和约束，结合其具体的、可操作性强的经验，下文依次呈现，可供参考。

早在1896年，美国佐治亚州教师协会就颁布了教师专业伦理规范。随后，各州相继仿效。1929年，美国通过了《全国教育协会伦理规范》，后又进行了完善。1968年，美国国家教育协会正式制定了《教育职业伦理准则》，1986年又进行了全面修订，并沿用至今。文件中明确提出，如果教师师德出现问题，那么学校将终止合同、不续约。同时，学校可以解雇"道德败坏"的教师。若教师出现某些行为，他还会面临相应的处罚。

加拿大许多州教师协会都制定了师德规范。比如，阿尔伯塔省教师协会制定的本州教师专业伦理规范指出，任何人都可以投诉违反职业道德行为的教师；根据情节的严重程度，协会将给予谴责、罚款、开除或撤销教师资格等处罚。

英国一些高校专门制定了针对师德师风的规则。比如，剑桥大学制定的道德行为准则中明确规定了高校教师在面临利益冲突、公平交易、保护机密、遵守法律法规、公开披露、收受礼物、虚假陈述等现实问题时应遵守的11条道德标准，并规定对师德失范行为追究法律责任。

日本教师联合会制定的《教师伦理纲领》提出，教师要克制自己过度的欲望，生活要有节制等。有违伦理纲领的教师，或被除名，或主动辞职。

国际教师团体协商委员会于1954年8月在莫斯科举行的第19次会议上通过了《国际教师团体协商委员会教师宪章》，提出了各国应遵循的师德规范，其中包括教师要致力于培养作为未来成人及公民的道德意识，并以民主、和平与民族友谊的精神教育儿童。

四、政策实施的风险点

（一）教育工作者对师德师风认识不够

许多教师对教师职业规范的内涵、师德师风建设的重要性缺乏正确认识，认为师德师风建设是一个口号，难以真正落实到实际工作中去。

（二）考核评价缺乏操作性

师德师风考核具体的评价标准和量化指标难以确定，一定程度上会导致教师考核评定中出现重事轻人、内容上条块分割、评价指标精细不一等现象。

（三）师德师风管理制度薄弱

教师师德师风管理权责不明确。地方教师主管部门没有专门负责师德师风管理的科室。一些中小学虽然设立了"师德师风领导小组"，但是缺乏行之有效的运行机制和惩治制度。高校人事处、教务处、组织部等部门虽然都承担着一些管理或监督职能，但往往各自为政，很大程度上存在工作职责不明确、决策不统一、政策执行不顺畅等问题，影响师德师风建设的长效性。

（四）实施过程中缺乏严谨性和全面性

国家虽然制定了有关教师违反职业道德行为的若干处罚办法，但实施过程中缺乏严谨性和全面性，未将师德失范行为的性质与程度进行划分。在具体操作中，管理部门和学校容易将着力点放在守住底线上，将崇高师德异化为底线师德。

五、政策实施的建议

（一）加强师德师风宣传、教育

各级党委和政府要加强对师德师风的宣传教育。学校应系统地规划和设计教师培训体系，把《新时代高校教师职业行为十项准则》《新时代中小学教师职业行为十项准则》等政策文本纳入教师培训内容，通过多种形式开展师德师风教育。组织教师借助各种途径积极投身社会实践，将师德师风内化为教师的个性品质，并真正落实到实际工作中去。

（二）完善师德师风考核评价制度

把师德师风建设作为教师评定的第一标准，建立多元评价主体，客观全面设计评估指标体系，认真检查和评估师德评价的实施结果，建立师德档案查询制度，完善投诉体系。

（三）完善师德失范行为的处理办法

完善师德监督制度，充分发挥多方主体的监督作用，预防、调控和制约教师违背师德师风要求的行为。彻底改变有关部门对待师德问题大事化小、小事化无的默许态度，进一步完善师德失范行为的处理办法，对师德失范行为进行分类定性，并遵循程序正义、维护学生最大利益、轻重力度适宜等原则进行处罚。不仅要对师德失范行为零容忍，而且要防止个别人钻政策空子，出现对教师进行诽谤、人身攻击、网络暴力等伤害行为。

健全教师荣誉制度

一、政策提出的现实意义

（一）健全教师荣誉制度是对历史的传承和创新

尊师重教是中华民族的优良传统。同其他职业相比，教师是与人的成长最为密切的职业，这种与人和人类的存在与发展、当下与未来最为亲近的职业具有天然的荣耀，古今中外从不缺乏对教师的赞誉。从古代的祭孔尊师制度，到当今的树立"教书育人楷模"，皆为制度性尊师重教之举。《礼记·表记》提出，"君子不以口誉人""称人之美则爵之"。健全教师荣誉制度，设计契合新时代的教师荣誉制度，是对"尊师重教""师道尊严"历史传统的传承升级和创新升华，彰显了一个文明古国尊师重教、崇智尚学的价值追求。

（二）健全教师荣誉制度是新时代的必然要求

教师是立教之本、兴教之源。2018年9月，习近平总书记在全国教育大会上明确提出，"全党全社会要弘扬尊师重教的社会风尚，努力提高教师政治地位、社会地位、职业地位，让广大教师享有应有的社会声望，在教书育人岗位上为党和人民事业作出新的更大的贡献"。

健全教师荣誉制度，特别是对那些长期在教书育人第一线默默耕耘、甘心奉献，在平凡的工作中作出不平凡的事迹，让学生受益、教师敬佩、人民感谢、国家铭记的卓越教师授予荣誉称号，具有深厚的社会民意和舆论基础，是党和政府对教师崇高的政治地位、社会地位、职业地位的正面展示和政策宣示，对于增强新时代教师教书育人的荣誉感和责任感，鼓励广大教师热心从教、安心从教、静心从教，对于促进广大教师终身学习、追求卓越，培养造就一大批时代所需的教育家，具有十分重要的导向和激励作用。同时，健全教师荣誉制度也是从制度层面对社会上一部分人借助个别事件丑化甚至妖魔化教师形象之现象的正面反击。

可以说，健全教师荣誉制度，体现了党念兹在兹的教育情怀，既是贯彻落实习近平新时代中国特色社会主义思想，特别是习近平总书记关于教育的重要论述，建设以"四有"好教师为标准的新时代高素质专业化教师队伍，办好人民满意的教育，建设教育强国的重大举措，也是实施人力资源强国、科教强国和文化强国战略的重要组成部分。

（三）健全教师荣誉制度是顺应国际潮流的举措

健全教师荣誉制度，授予教师国家荣誉称号，也是很多国家激励教师走向卓越的做法。在美国，每年4月由全美各州教育总长委员会代表全国各大教育机构，最终选出一位"国家年度教师"，总统会在白宫举行隆重的表彰仪式；其后一年，"国家年度教师"获奖者全薪留职，作为教育界的形象大使，在国会和其他地方巡回演讲、参加听证会、与社会各界交流互动，传播教书育人经验。新加坡"卓越教师总统奖"每年至少有一位小学教师、一位中学教师、一位大学教师和一个研究机构的教师获奖，总统在教师节亲自为获奖者颁发荣誉证书。英国设立"年度教师奖"，这是为表彰全国优秀教师而颁发的年度国家级最高教师奖项。

二、政策沿革

中华人民共和国的成立，开启了尊师重教的新篇章。1993年，《中华人民共和国教师法》确立"每年九月十日为教师节"，决定"国务院和地方各级人民政府及其有关部门对有突出贡献的教师，应当予以表彰、奖励""对有重大贡献的教师，依照国家有关规定授予荣誉称号"，奠定了尊师重教的法律基础。2015年修订的《中华人民共和国教育法》规定，"国家对发展教育事业做出突出贡献的组织和个人，给予奖励"。两部法律均将"国家"作为教师荣誉的授予机构。

国家层面逐渐形成的教师荣誉称号有"全国模范教师""全国优秀教师""全国优秀教育工作者""全国教育系统先进工作者""全国教书育人楷模""全国特级教师"等，其荣誉授予机构为教育部及相关部委、中央媒体。

2015年，全国人民代表大会常务委员会通过《中华人民共和国国家勋章和国家荣誉称号法》，把国家勋章和国家荣誉称号的种类名称、授予对象、人选提名、授予程序、奖励形式等最主要、最基本的制度建立了起来。2019年，国家主席习近平签署主席令，授予于漪、卫兴华、高铭暄"人民教育家"国家荣誉称号。这是我国第一次以中华人民共和国的名义、以国家主席令的方式授予"人民教育家"国家荣誉称号。授予于漪等人"人民教育家"国家荣誉称号，是健全教师荣誉制度的具体表现，体现了国家意志，为各级政府、社会团体、各级各类学校规范教师荣誉的设置、评选、颁授和管理提供了制度依据。

三、政策实施的建议

（一）完善序列，建立国家、省、市、县、校五级教师荣誉制度体系

在国家层面，提升国家教师荣誉称号评选和授予的长效性、专业性与教育性。地方各级政府参照国家教师荣誉制度，结合实际，建立本地教师荣誉制度。推动各省、市、县、校健全优秀教师表彰

奖励制度，分层次建立相应的教师荣誉制度，共同构建起纵向整体协调、横向基本均衡、结构利于激励、数量相对合理的教师荣誉序列，力求做到国家层面引领示范，各级政府层面有法可依、有章可循，学校层面丰富多彩、整体体现，推动全国范围内树立各层级教师专业发展示范标杆，为营造全社会尊师重教的良好氛围提供制度保障。

（二）优化程序，构建依法依规遴选教师和颁授教师荣誉的体制机制

梳理各个层面已有的教师荣誉称号，重点是依法依规做好教师遴选工作、各项教师荣誉称号授予工作，健全已有的教师表彰机制，建立与教师政治地位、社会地位和职业地位相匹配的教师荣誉称号制度规范。

（三）拓展内容，优化教师荣誉的颁受频率

探索设立国家教育奖，完善国家教学成果奖评选制度，优化获奖种类和入选名额分配，周期由每4年评选一次改为每2年评选一次，充分发挥获奖成果辐射示范作用。组织开展国家"万人计划"教学名师遴选工作，遴选支持一批具有领军才能的教学名师。

（四）发挥作用，宣传好受誉教师的先进事迹

要充分发挥受誉教师的示范引领作用。加大对"人民教育家"等荣誉称号获得者的宣传，依托全媒体、融媒体等新媒体平台，大

力传播其教书育人经验，持续发挥"教师之师"的榜样引领作用和激励作用。

（五）创造条件，积极营造优秀教师脱颖而出的政策环境

各级党委、政府应从战略高度优先谋划教师队伍发展，维护教师权益，增进教师福祉，减轻教师不必要的工作负担，鼓励和支持优秀教师长期从教、终身从教，营造尊师重教的氛围，滋润优秀教师成长的土壤，将尊师、爱师、敬师充分转化为行动自觉，不断提高教师的政治地位、社会地位和职业地位，让广大教师有教书育人成就感、荣誉感和幸福感。

建立师德失范行为通报警示制度

师德师风问题一直是社会关注的热点问题。受市场经济、不良社会思潮等多种因素的干扰，加之学校现行师德考核机制乏力以及部分教师自我放弃，师德师风建设形势严峻。《总体方案》提出，"全面落实新时代幼儿园、中小学、高校教师职业行为准则，建立师德失范行为通报警示制度。对出现严重师德师风问题的教师，探索实施教育全行业禁入制度"。

一、政策提出的背景和现实意义

（一）符合新时代教育改革发展目标

青少年是祖国的未来和希望，是追梦的人；

而教师，是塑造学生灵魂的，是祖国未来的筑梦人。这番话道出了对教师职业的重视和对广大人民教师的殷殷期盼。教师的思想政治素质和职业道德水平直接关系到青少年学生的成长，关系到教育事业的发展，关系到国家的命运和民族的未来。作为筑梦人的教师，在师德方面不能有任何闪失。

（二）是建设高素质专业化教师队伍的必然选择

2018年9月，习近平总书记在全国教育大会上强调，"教师是人类灵魂的工程师，是人类文明的传承者，承载着传播知识、传播思想、传播真理，塑造灵魂、塑造生命、塑造新人的时代重任"。新时代对广大教师落实立德树人根本任务提出了新的更高要求，要求教师要有理想信念、有道德情操、有扎实学识、有仁爱之心。

（三）保障法律规定的学生和教师的相关权益

规范教师职业行为，可以保障学生、教师的合法权益。《中华人民共和国教育法》《中华人民共和国未成年人保护法》《中华人民共和国教师法》《中华人民共和国教师资格条例》《新时代中小学教师职业行为十项准则》等法律法规和制度规范，对学生、教师的相关权益做出了明确规定。

二、政策的具体内容

教育部印发《幼儿园教师违反职业道德行为处理办法》《中小学教师违反职业道德行为处理办法（2018年修订）》，对应予处理的幼儿园教师、中小学教师违反职业道德行为做了明确规定。《教育部关于高校教师师德失范行为处理的指导意见》虽然没有明确界定高校教师失范行为，但明确提出对高校教师师德失范行为实行"一票否决"。

幼儿园教师违反职业道德行为处理办法包括处分和其他处理。其中，处分包括警告、记过、降低岗位等级或撤职、开除。其他处理包括给予批评教育、诫勉谈话、责令检查、通报批评，以及取消在评奖评优、职务晋升、职称评定、岗位聘用、工资晋级、申报人才计划等方面的资格。取消相关资格的处理执行期限不得少于24个月。

中小学教师违反职业道德行为处理办法包括处分和其他处理。其中，处分包括警告、记过、降低岗位等级或撤职、开除。警告期限为6个月，记过期限为12个月，降低岗位等级或撤职期限为24个月。其他处理包括给予批评教育、诫勉谈话、责令检查、通报批评，以及取消在评奖评优、职务晋升、职称评定、岗位聘用、工资晋级、申报人才计划等方面的资格。取消相关资格的处理执行期限不得少于24个月。

高校教师出现违反师德行为的，根据情节轻重，给予相应处理或处分。情节较轻的，给予批评教育、诫勉谈话、责令检查、通报批评，以及取消其在评奖评优、职务晋升、职称评定、岗位聘用、工资晋级、干部选任、申报人才计划、申报科研项目等方面的资格。取消相关资格处理的执行期限不得少于24个月。情节较重应当给予处分的，还应根据《事业单位工作人员处分暂行规定》给予行政处分，包括警告、记过、降低岗位等级或撤职、开除，需要解除聘用合同的，按照《事业单位人事管理条例》相关规定进行处理。情节严重、影响恶劣的，应当依据《教师资格条例》报请主管教育部门撤销其教师资格。

以上违反师德行为的处理办法，均涉及教师职称评审、职务晋升、聘期考核、评优评奖，但没有涉及教师招聘。对没有进入教师队伍的人员，违反师德行为处理办法很难适用。建议单独在教师招聘时对应聘人员品行做出明确要求，严格把关应聘人员品行。同时，对出现严重师德师风问题的教师，探索实施教育全行业禁入制度。

三、政策沿革

近些年来，教育主管部门不断深化和完善师德考核负面清单制度，出台了一系列政策文件，初步形成了比较完备的制度体系。

2005年，《教育部关于进一步加强和改进师德建设的意见》出台，明确提出要"着力解决师德建设中的突出问题"，列举了师德失范的几种表现，成为师德负面清单的雏形。

2014年，《教育部关于建立健全高校师德建设长效机制的意见》发布，划出高校教师师德禁令"红七条"，并强调在教师职务（职称）评审等环节对师德考核不合格者实行一票否决。

2015年，中共中央办公厅、国务院办公厅印发《关于进一步加强和改进新形势下高校宣传思想工作的意见》，提出"扎实推进师德建设""完善师德建设长效机制""实行师德一票否决制"。

2016年，《教育部关于深化高校教师考核评价制度改革的指导意见》强调，要"推行师德考核负面清单制度"。

2018年，《中共中央　国务院关于全面深化新时代教师队伍建设改革的意见》发布，要求强化师德考评，推行师德考核负面清单制度。

2018年，教育部正式印发实施《新时代高校教师职业行为十项准则》《新时代中小学教师职业行为十项准则》《新时代幼儿园教师职业行为十项准则》《关于高校教师师德失范行为处理的指导意见》《中小学教师违反职业道德行为处理办法（2018年修订）》《幼儿园教师违反职业道德行为处理办法》，发展并完善了之前教师职业道德规范和"十条红线""红七条"等师德底线，强调建立起师德违规惩处和责任追究机制，要求各地扎实推进教师职业行为负面清单的制定与实施。

四、政策实施的风险点

（一）通报警示制度要么形同虚设，要么滥用

对通报警示制度的质疑主要表现为以下几种观点。一是"形同虚设论"，认为实际执行时通报警示制度只停留于表面，或只有在

事件败露、引起公愤，乃至责任人被绳之以法后才起作用，而在此之前，惩戒力量甚微。二是"万能论"，认为通报警示制度的施行可以确保师德底线"万无一失"，只要广泛采用该项制度，就可以从根本上杜绝师德失范现象的发生。三是"过激论"，认为通报警示制度过于武断，对问题的处理僵化，考核方式过于死板，缺乏科学根据，未能给予被否决方充足的申诉机会和渠道，容易导致变相的不公正待遇的出现。四是"调和论"，认为通报警示制度既不可轻言废止，也不可滥用，否决标准、执行主体以及执行程序等都需要有合理设定，必须立足于科学的考评体系之上。这些质疑在很大程度上成为推行"负面清单"的风险要素。

（二）全行业禁入的提法容易引起教师反感

全行业禁入的提法主要针对应聘人员（包括开除之后再次应聘的人员），品德可以在应聘要求中着重强调。建议理解为：对因出现严重师德师风问题而被开除的教师，实施教育全行业禁入制度。

五、政策实施的建议

（一）各级政府和学校要严格落实教师职业行为准则

各级政府和学校要全面落实新时代幼儿园、中小学、高校教师职业行为准则，建立师德失范行为监督报告和向社会公开通报制度。建立完善党委统一领导、党政齐抓共管、牵头部门明确、院（系）具体落实、教师自我约束的工作机制。党委书记和校长抓师德同责，是师德建设第一责任人。

（二）教师要自觉加强师德修养

教师应严以律己、为人师表，把教书育人和自我修养结合起来，坚持以德立身、以德立学、以德施教、以德育德。若出现师德失范行为，本人要承担相应责任。

（三）按照规定程序严格实行警示制度

对师德失范行为的处理，应坚持公平公正、教育与惩处相结合的原则，做到事实清楚、证据确凿、定性准确、处理适当、程序合法、手续完备。

（四）民办教育机构遵照相关法律实施

民办幼儿园、中小学和高校应参考劳动人事管理执行《中华人民共和国劳动合同法》的规定，对教师师德失范行为的处理应遵照相关法律，并参考公办学校处理办法执行。

（五）加强对外籍教师的管理

相关部门要加强对外籍教师管理制度的研究。对出现师德失范行为的外籍教师，严格实行全行业禁入制度。

幼儿园教师评价突出保教实践

《总体方案》提出，"幼儿园教师评价突出保教实践，把以游戏为基本活动促进儿童主动学习和全面发展的能力作为关键指标，纳入学前教育专业人才培养标准、幼儿教师职后培训重要内容"。

一、政策提出的背景

（一）教育的压力普遍前移

2010年11月，《国务院关于当前发展学前教育的若干意见》提出："坚持科学保教，促进幼儿身心健康发展。""防止和纠正幼儿园教育'小学化'倾向。"

2018年9月，习近平总书记在全国教育大会上提出："目前，我们的教育总体上符合我国国情、适应经济社会发展需要，但也存在一些突出问题和短板，特别是教育的压力普遍前移，学前教育、基础教育普遍存在超前教育、过度教育现象，既有损学生身心健康成长，也加重家庭经济和精力负担。"

2018年11月，《中共中央　国务院关于学前教育深化改革规范发展的若干意见》提出："保教质量有待提高，存在'小学化'倾向。"

（二）学前教育亟待发展

2014年12月，习近平总书记在中央经济工作会议上提出："从服务业看，老年人口越来越多，健康需求快速增长，学前教育亟待发展，这些方面产生了很多特殊需求，但有效供给严重不足，发展服务业特别是教育医疗、健康养老、文化娱乐、体育健身、电子商务等方面还有很大空间。"

（三）幼儿园教师游戏教学实践能力亟须加强

目前，一些幼儿园教师的游戏观念，以及组织、设计、开展游戏活动的能力相对薄弱。各级政府、幼儿园已经认识到做好教师评价对幼儿园、教师和幼儿发展的重要性，但评价工作主要侧重于教师的教学任务、学期计划、主题墙更换、学习笔记等完成情况。评价具有重要的引导功能，但各级政府、幼儿园通过评价，对教师游戏教学实践的指导能力相对较弱。

二、政策沿革

2001年，《幼儿园教育指导纲要（试行）》提出："幼儿园教育应尊重幼儿的人格和权利，尊重幼儿身心发展的规律和学习特点，以游戏为基本活动，保教并重，关注个别差异，促进每个幼儿富有个性的发展。"

2010年，《国务院关于当前发展学前教育的若干意见》提出："遵循幼儿身心发展规律，面向全体幼儿，关注个体差异，坚持以游戏为基本活动，保教结合，寓教于乐，促进幼儿健康成长。加强对幼儿园玩教具、幼儿图书的配备与指导，为儿童创设丰富多彩的教育环境，防止和纠正幼儿园教育'小学化'倾向。""建立幼儿园保教质量评估监管体系。"

2011年，《教育部关于规范幼儿园保育教育工作防止和纠正"小学化"现象的通知》颁布，以规范幼儿园办园行为，科学保教，防止幼儿园"小学化"。

2012年，《幼儿园教师专业标准（试行）》提出，幼儿园教师应该能够"提供符合幼儿兴趣需要、年龄特点和发展目标的游戏条件""充分利用与合理设计游戏活动空间，提供丰富、适宜的游戏材料，支持、引发和促进幼儿的游戏""重视环境和游戏对幼儿发展的独特作用，创设富有教育意义的环境氛围，将游戏作为幼儿的主要活动""重视丰富幼儿多方面的直接经验，将探索、交往等实践活动作为幼儿最重要的学习方式"。该文件对幼儿保育和游戏指导方面的能力做出了明确要求。

2012年，教育部印发《3—6岁儿童学习与发展指南》，提出

"要珍视游戏和生活的独特价值，创设丰富的教育环境，合理安排一日生活，最大限度地支持和满足幼儿通过直接感知、实际操作和亲身体验获取经验的需要，严禁'拔苗助长'式的超前教育和强化训练"。

其他国家的经验也表明，良好的游戏教学活动和保教实践活动有利于幼儿社会认知的发展、亲社会行为的形成、良好道德品格的形成、良好个性和积极情感的发展。

三、政策实施的风险点

（一）转岗教师不具备游戏教学能力和保教实践能力

幼儿园教师队伍中，有一些教师从小学教师转岗而来，不具备幼儿教育需要的游戏教学能力和保教实践能力。幼儿园教师评价标准可能会给这些转岗教师带来一定的挑战和压力，这就需要加强对这部分教师的岗位培训。

（二）乡村幼儿园缺乏游戏教学场地和教具

由于多种原因，乡村幼儿园游戏教学活动场地和设备短缺。2020年，城市幼儿园每班活动室使用面积约为110.79平方米，镇区幼儿园每班活动室使用面积约为100.83平方米，均达到了《城市幼儿园建筑面积定额（试行）》中幼儿园每班活动室使用面积应达到90平方米的规定。乡村幼儿园每班活动室使用面积稍小，约为73.87平方米。同时，乡村幼儿园的游戏教具也相对缺乏。这给乡村幼儿园游戏教学和保教实践带来了一定的困难和压力。

四、政策实施的建议

（一）全面系统设计幼儿园教师评价标准

各级党委、政府要依据《幼儿园教师专业标准（试行）》，研制符合新要求的幼儿园教师评价标准，确保教学工作始终贴近社会要求与幼儿园保教工作实际，着重评价教师的制作与选择玩教具的能力、游戏设计与组织能力等。

（二）各级培养机构要加强对幼儿园教师的游戏教学能力的培养

幼儿园教师培训过程中要加强对游戏教学能力的培养。改革传统学前教育中重艺术技能（音乐、美术）训练、轻游戏教学能力训练的做法，鼓励学前教育专业师生进驻幼儿园，进行幼儿园游戏设计，开展幼儿园游戏活动，锻炼相关能力。

（三）各级培训机构和幼儿园要加强对在职教师游戏教学能力的培养

针对小学转岗教师游戏教学能力薄弱、传统学前教育专业侧重艺术技能训练的情况，各级培训机构和幼儿园需要加强对在职教师的培训，帮助教师树立正确的游戏教育观，积极培养幼儿园教师的游戏教学能力。

（四）幼儿园通过评价引导和监督教师的行为

在游戏教学、保教活动中，幼儿园应引导教师科学合理地安排和组织幼儿园生活的各个环节，开展好游戏活动和保育活动。在幼儿园教师考核内容中，注重对教师游戏指导、保教实践的考核。

（五）县（区）教育主管部门加强教研引领

通过幼儿园公开课比赛以及幼儿园活动评比等形式，引导幼儿园教师更加注重游戏活动，提升幼儿园教师的游戏设计、开发与指导能力。

（六）改善乡村幼儿园办学条件

各级政府要加快乡村幼儿园建设，改善乡村幼儿园的办学条件。

探索建立中小学教师教学述评制度

《总体方案》提出，"探索建立中小学教师教学述评制度，任课教师每学期须对每个学生进行学业述评，述评情况纳入教师考核内容"。

一、政策提出的背景

（一）国家素质教育和课程改革的重要内容

《基础教育课程改革纲要（试行）》强调指出："建立促进学生全面发展的评价体系。评价不仅要关注学生的学业成绩，而且要发现和发展学生多方面的潜能，了解学生发展中的需求，帮助学生认识自我，建立自信。发挥评价的教育功能，促进学生在原有水平上的发展。""改变课程评价过分强调甄别与选拔的功能，发挥评价促进学生发展、教师提高和改进教学实践的功能。"

《关于分类推进人才评价机制改革的指导意见》提出："适应中小学素质教育和课程改革新要求，建立充分体现中小学教师岗位特点的评价标准，重点评价其教育教学方法、教书育人工作业绩和一线实践经历。严禁简单用学生升学率和考试成绩评价中小学教师。"

（二）学生德智体美劳全面发展的需要

在中小学，教师对学生的学业评价存在一些问题。比如，教师更多关注每堂课中对学生学业的评价，缺乏对学生学业发展的持续性的、全面的了解与诊断。虽然每个学期末会有学生发展总结性述评，即学生成长报告单；但成长报告单多由班主任撰写，撰写内容多为对学生德智体美劳整体的、概括性的描述，或对学生态度、习惯的概括，以及一些寄语。班主任虽然能够从中形成对教育教学的反思，但不够彻底。每位任课教师都需要对学生学业有一个全面的、长期的跟踪与分析。教师对每个学生整体的、长期发展的评价，有助于教师更为关注学生个体的全面发展，以及长远的、可持续的发展，有助于教师用发展的眼光看待学生的成长，整体、全面、立体地分析学生。

二、政策的具体内容

教学述评是教师对每个学生的学习态度、学习习惯、学习方法、学习成效等状况进行长期的、全面的诊断与分析，并且针对学生的学习特点采取某种教学方式，同时，思考今后将采取何种教学方式、方法帮助学生改进与提升。教师可以在课堂教学、课外活动、集体活动、课后作业中，通过观察、谈话等方式了解学生学习的真实情况。通过对学生发展的述评，教师可以对自己的教学行为进行分析与反思，从而改进教学方法，提高学生学习效率。也就是说，教师要对自己的教和学生的学两方面做出述评。在具体方式上，既要长期跟踪描述（述），又要全面诊断和分析（评），从而构建教学相长的教育生态。

三、政策沿革

2018年，《中共中央 国务院关于全面深化新时代教师队伍建设改革的意见》提出，"不简单用升学率、学生考试成绩等评价教师"。

中小学教师专业标准中也对此做了明确要求。《小学教师专业标准（试行）》规定，教师应"对小学生日常表现进行观察与判断，发现和赏识每一位小学生的点滴进步""灵活使用多元评价方式，给予小学生恰当的评价和指导""引导小学生进行积极的自我评价""利用评价结果不断改进教育教学工作"。《中学教师专业标准（试行）》规定，教师应"利用评价工具，掌握多元评价方法，多视角、全过程评价学生发展""引导学生进行自我评价""自我评价教育教学效果，及时调整和改进教育教学工作"。文件对教师教学述评做了内容与方向性上的要求。

四、国内实践

一些地方和学校的教师评价经验表明，教师对学生进行学业评价有助于教师反思自身的教育教学，提升自身的教育教学水平，促进学生的学业发展。比如，上海市格致中学在2010年提出"全员、全面、全程"的绿色评价理念。学校为每一个学生建立了反映全面素质的成长档案。同时，评价和保障涉及教育教学各部门，每一个教师参与其中。

五、政策实施的风险点

（一）教师对学生学业述评内容及标准不明确

教学述评主要要求教师述评学生学业发展的哪些方面，述评到何种程度，这些问题需要明确。否则，即使将教师述评纳入教师考核指标，教师述评也可能停留于形式，导致各位教师在这一项上的得分没有差异。

（二）教师可能会为了收集述评信息仓促堆积材料

将教师述评纳入教师考核指标的目的是，通过评价，使每位教师对每位学生的学业发展有系统、全面、深入的了解。为避免教师仅在期末仓促整理述评材料，应付了事，我们可以在教育过程中为教师搭建了解与积累学生发展信息的平台，便于期末教师对学生学业发展述评信息的收集。

六、政策实施的建议

（一）各级教研部门应开展研究，完善、规范教学述评内容

教育行政部门要完善教师述评学生学业发展的各方面的相关内容，明确期望通过述评实现教师哪些能力的提升等。这样的做法能够使中小学在执行教师评价政策时方向明确、方法科学，避免各学校执行内容与标准差异过大。

（二）借助信息管理系统采集评价信息

借助学校信息管理系统，采集学生每个学期学业发展的相关评价信息。这样的做法便于教师利用大数据对学生学业发展进行分析、述评。

（三）教研部门应加强教学述评制度的教研引领

教学述评制度是一项新的教师评价内容，教师如何进行教学述评，需要在教学研讨中不断完善。区县教育管理部门、学校可以邀请教育教学专家参与研讨，完善教学述评制度。

完善中小学教师绩效考核办法

《总体方案》提出，"完善中小学教师绩效考核办法，绩效工资分配向班主任倾斜，向教学一线和教育教学效果突出的教师倾斜"。

一、政策提出的背景和现实意义

（一）实施绩效工资是事业单位收入分配制度改革的重要组成部分

2006年，中共中央、国务院从理顺收入分配关系、构建和谐社会的全局出发，进行了事业单位收入分配制度改革，建立了岗位绩效工资制度。岗位绩效工资由岗位工资、薪级工资、绩效工资和津贴补贴四部分构成。其中，岗位工资和薪级工资为基本工资；绩效工资主要体现工作人员的实绩和贡献，发挥激励作用。

（二）义务教育学校率先实施绩效工资

2008年12月23日，国务院办公厅转发了人力资源和社会保障部、财政部、教育部《关于义务教育学校实施绩效工资的指导意见》。自2009年1月1日起，义务教育学校率先实施绩效工资。这是中共中央、国务院优先发展教育的重大决策，是教育改革和发展的重大基础性工程，是教育人事制度的重大改革。

（三）"真正让教师成为令人羡慕的职业"的提出

2018年1月，《中共中央　国务院关于全面深化新时代教师队伍建设改革的意见》指出，"不断提高地位待遇，真正让教师成为令人羡慕的职业"。同年9月，习近平总书记在全国教育大会上提出，"努力提高教师政治地位、社会地位、职业地位，让广大教师享有应有的社会声望，在教书育人岗位上为党和人民事业作出新的更大的贡献"。这要求不断完善教师待遇保障机制。

二、政策的具体内容

（一）绩效工资的内涵与功能

绩效工资是指将工资支付金额与某些预先规定的行为或成果挂钩，是为鼓励、引导或控制员工行为而设立的工资。绩效工资可以提高员工积极性、留任率，帮助企业聘任优秀人才。教师绩效工资是通过对教师个体或者团队教育教学行为和质量的绩效考核，将考核结果与工资薪酬联系起来而设立的工资。教师绩效工资制度以建立激励和约束机制为目标，以促进教师主动提高专业知识技能、改善教学实践和提高教育质量为价值取向。

（二）绩效考核内容对教师教育教学行为的引导作用

教师绩效工资制度是以教师考核为基础的工资制度，考核制度对教师教学行为起着一定的引导作用。各国主要通过三个方面来考查教师的教育教学行为及质量。一是教师的教学质量和结果，通过学生的考试成绩、入学率、毕业率、巩固率等来考查。二是教师的课堂教学行为，通过课堂评价来考查。三是教师的专业素养和技能，主要通过教师资格证书、专业考试和课堂观察来考查。

三、政策沿革

2017年9月，中共中央办公厅、国务院办公厅印发《关于深化教育体制机制改革的意见》提出："完善中小学教师绩效工资制度，改进绩效考核办法，使绩效工资充分体现教师的工作量和实际业绩，确保教师平均工资水平不低于或高于当地公务员平均工资水平。"

2018年1月，《中共中央 国务院关于全面深化新时代教师队伍建设改革的意见》中提出："完善教师收入分配激励机制，有效体现教师工作量和工作绩效，绩效工资分配向班主任和特殊教育教师倾斜。"

2018年2月，中共中央办公厅、国务院办公厅印发《关于分类推进人才评价机制改革的指导意见》，提出："适应中小学素质教育和课程改革新要求，建立充分体现中小学教师岗位特点的评价标准，重点评价其教育教学方法、教书育人工作业绩和一线实践经历。严禁简单用学生升学率和考试成绩评价中小学教师。"

2019年6月，《国务院办公厅关于新时代推进普通高中育人方式改革的指导意见》提出："各省（区、市）要完善普通高中绩效工资管理办法，在核定绩效工资总量时予以适当倾斜，并指导学校完善分配办法。"

2019年6月，《中共中央　国务院关于深化教育教学改革全面提高义务教育质量的意见》提出："完善绩效工资分配办法，绩效工资增量主要用于奖励性绩效工资分配；切实落实学校分配自主权，并向教学一线和教学实绩突出的教师倾斜。"

四、国内实践和国际经验

从各国的实施情况看，实施中小学教师绩效工资是要改革传统的教师工资给付方式，在基于绩效评价的基础上给教师奖励，以追求更高的教育质量。从给付方式上看，绩效工资的分配分为两种。一是将其作为永久性绩效工资奖励，纳入原有的工资体系；二是将其作为一种补充性的一次性绩效工资，教师可在考核评估后的第二年获得。在现有工资制度框架下，我国中小学采用绩效考核评估后给教师发放绩效工资的方式。

绩效工资占工资总额的比重大小决定着激励是否有效以及激励作用的大小。从对各国一些中小学教师绩效工资政策夭折的归因上看，一个重要原因就是财政激励额度相对较低，降低了其激励价值。目前，大部分国家公立中小学教师绩效工资方案中，绩效工资占工资总额的比重为2%～9%。有些国家和地区则达到了更高的比重，如肯尼亚约为43%，美国得克萨斯州约为20%。

我国义务教育学校教师绩效工资分为基础性绩效工资和奖励性绩效工资两部分。基础性绩效工资主要体现地区经济发展水平、物价水平、岗位职责等因素，占绩效工资总量的70%；奖励性绩效工资主要根据教师的工作绩效进行分配，占绩效工资总量的30%。虽然总体上两者都被称为绩效工资，但真正起激励作用、根据教师教学行为和质量支付的是占30%的奖励性绩效工资。

五、政策实施的风险点

（一）对哪个学段的教师实施绩效工资？

从政策层面看，现在只有对义务教育学校教师绩效工资的明确要求，而高中阶段教育、学前教育阶段，各地均在探索推进，进度和力度有所差异。对中小学提出统一的要求，政策很难具体实施，建议文本明确政策重点还是在义务教育阶段实施，这样既与前序政策有一定的连贯性，也可确保政策能够有效落地。

普通高中教师绩效工资管理办法主要以完善为主。2019年，《国务院办公厅关于新时代推进普通高中育人方式改革的指导意见》提出："各省（区、市）要完善普通高中绩效工资管理办法。"

（二）降低职称权重是否伤害高级职称教师的工作积极性？

我国各地政府和学校把教师的教学质量与工作量作为绩效工资分配的主要依据。教学质量往往可以根据学生成绩衡量，相对比较客观。但是在工作量的计算中，由于工资制度的惯性，不同职称教师的岗位工资、薪级工资、津贴补贴有等级区别，一些地方和学校在实施绩效工资时，也会设置不同的职称系数。这主要体现在两个方面。第一，基础性绩效工资（70%）主要体现岗位职责等因素，往往和职称级别紧密关联。有些部分会牵涉国家层面的制度。比如，套改津贴、医疗补助、交通补助、通信补助等。这个部分能改动的空间不大。第二，在奖励性绩效工资中，一些地方和学校在计算教学工作量时，仍然采用职称系数的核定办法。部分教师认为，在基础性绩效工资已经体现了教师职称（职务）的差别之后，奖励性绩效工资仍与教师职称（职务）挂钩非常不合理。

中小学教师工资中的岗位工资和薪级工资已经体现了不同职称教师的工资差异，基础性绩效工资中也体现了职称待遇的差异。在奖励性绩效工资中降低职称系数，不会对高级职称教师工资总额有太多影响，但对其他教师而言，可以起到很好的导向作用。

（三）绩效工资增量来源保障是否可靠？

我国绩效工资总量是按上年度12月份基本工资额度和规范后的津贴补贴水平核定的，如此可以推算，各地教师绩效工资占工资总额的平均比重较小。在实地调研中，一些学校校长和教师反映绩效工资中奖励性绩效工资的比重偏小，学校自主分配的额度偏低，不利于调动全体教职工教育教学工作的积极性，不能很好地体现多劳多得、优劳优酬的分配原则。这就需要提高绩效工资比重。但在基础性绩效工资改动空间不大的情况下，要想在绩效工资增量上下功夫，就需要增加奖励性绩效工资。

我国义务教育学校实施绩效工资所需经费纳入财政预算，按照管理以县为主、经费省级统筹、中央适当支持的原则，确保所需资金落实到位。在实践中，虽然各地都努力确保资金落实到位，但这种财政责任重心层层下移的策略使得财力薄弱的县实施绩效工资非常艰难，出现绩效工资政策落后、滞后及低水平执行的情况。因此，绩效工资增量有可靠的保障是确保政策有效落实的一个关键点。建议完善中央与地方经费分担机制，加大省级统筹力度，中央予以奖补。

（四）学校自主权能否充分运用？

县（区）级管理模式使得学校在无须承担教师基本工资、津贴补贴和绩效工资的同时，也失去或者放弃了对教师绩效考核的自主权。学校自主微调机制的建立可以提高学校对教师绩效工资的调整和设计能力，扭转同一职称层级内绩效工资无差异的局面，充分调动教师的工作积极性。但在实践中，一些学校和校长的学校管理能力也需要提升，否则会影响绩效工资政策的实施效果，出现因没有落实好而否定政策的风险。

（五）对绩效工资的实施效果是否有合理预期？

《高等学校、中小学、中等职业学校贯彻〈事业单位工作人员收入分配制度改革方案〉三个实施意见》提出："在首次核定时要保持合理存量，严格控制增量，以后按照绩效考核进行调整。单位主管部门要建立绩效考核制度，依据考核结果核定中小学绩效工资总量。对公益目标任务完成好、考核优秀的中小学，适当增加绩效工资总量；对公益目标任务完成不好、考核较差的中小学，相应核减绩效工资总量。"对绩效工资总量的控制，使得对绩效工资的调整力度不会太大。所以，对绩效工资的实施效果要有合理预期。

六、政策实施的建议

（一）强化考核督导

各级党委、政府要强化教育教学督导，把结果作为评价义务教育学校办学水平、实施绩效奖励的重要依据。

（二）绩效工资增量主要用于奖励性绩效工资的发放

绩效工资政策应多做增量改革。虽然基础性绩效工资（70%）和奖励性绩效工资（30%）的比例是在反复测算的基础上确定的，但我国各地学校差异大，一个标准很难适应多样的要求。可以在一定政策范围内，在稳定教师队伍的基础上，允许各地做一些调整。

（三）落实学校对教师的管理和考核自主权

不同的学校，教师的教学工作难度和工作量会有一定的差异。这就需要学校管理者深入了解课堂教学实践，找到评价教师的关键，建立适合自己学校的绩效评价制度。越接近被评价者，越能深入地了解教师的工作努力情况和绩效，给出的评价结果越准确，激励效果也越好。但在实际调研中课题组发现，有些学校和校长希望国家能制定出一套绩效考核制度，而不愿意根据学校的具体情况去制定绩效考核制度，认为制度设计太难，容易得罪人。这就需要加强学校管理者的能力建设。

（四）完善普通高中绩效工资管理办法

各省（区、市）要完善普通高中绩效工资管理办法，在核定绩效工资总量时予以适当倾斜，并指导学校完善分配办法。人力资源和社会保障部门要支持完善普通高中绩效工资总量核定办法。

健全"双师型"教师认定、聘用、考核等评价标准

《总体方案》提出，"健全'双师型'教师认定、聘用、考核等评价标准，突出实践技能水平和专业教学能力"。

一、政策提出的背景

一是党的十九大明确提出，要深化教育改革，加快教育现代化，完善职业教育，培养高素质教师队伍。《中共中央 国务院关于全面深化新时代教师队伍建设改革的意见》《国家职业教育改革实施方案》《深化新时代职业教育"双师型"教师队伍建设改革实施方案》等文件对提高职业教育发展水平，促进职业教育教师队伍建设

和改革做出了部署。

二是人才发展体制机制改革对教师评价制度提出了新的要求。随着我国人才发展体制机制改革的深入推进和职业教育的快速发展，职业教育"双师型"教师认定标准不统一、"双师型"教师培养和培训环节薄弱、评价标准和评价机制不够完善、队伍结构不合理、"双师型"教师引进困难、岗位聘用不够规范等问题亟待解决，相关政策亟须改革和完善。

三是加快建设现代职业教育体系、培养高素质技术技能人才对职业教育教师队伍建设提出了新的要求。近年来，我国进入新的发展阶段，产业升级和经济结构调整不断加快，各行各业对技术技能人才的需求越来越紧迫，职业教育的重要地位和作用越来越凸显。2019年1月，《国家职业教育改革实施方案》印发，为职业教育的改革发展指明了方向。为进一步办好新时代职业教育，培养造就素质优良、结构合理、充满活力的职业教育教师队伍，教师评价制度迫切需要全面改革，以更好地发挥评价的"指挥棒"和"风向标"作用。

二、政策的具体内容

坚持问题导向、目标导向，聚焦职业教育"双师型"教师评价存在的突出问题，我国提出了针对性政策与举措。

一是健全制度体系。出台"双师型"教师准入制度、继续教育制度、职称评审制度等相关政策措施，严把"双师型"教师入口关，规范进修培训管理等，从而使职业教育"双师型"教师队伍的建设与管理走上法制化、规范化的道路。

二是完善评价标准。出台专门的职业教育"双师型"评价标准，充分体现"双师型"教师职业特点，注重教育教学工作实绩，注重实践教学和技术技能人才培养实绩，注重产教融合、校企合作和工学结合的教学改革实绩，注重行业企业实践经历，切实改变过分强调论文、学历、课题项目等倾向。

三是统一认定标准。国家制定职业教育"双师型"教师认定基本标准，出台"双师型"教师准入制度，明确"双师型"教师职业发展目标，这有利于"双师型"教师队伍的整体发展。

四是创新引入机制。加快建设一支"双师型"职业教育教师队伍，深化职业院校人事制度改革，建立一支能够适应职业院校以就业为导向、强化技能性和实践性教学要求的教师队伍。进一步扩大职业学校的用人自主权，打破学历限制、身份限制，坚持能者为师。教育部门要配合人事部门制定政策措施，充分利用各方面的技能型人才，开辟具有丰富实践经验的专业技术人员和能工巧匠进入职业院校的绿色通道，鼓励教师在企业和学校间有序流动。

三、政策实施的建议

教师评价制度改革涉及广大职业教师的切身利益，改革工作复杂，社会关注度高。人力资源和社会保障部、教育部将会同有关行业主管部门持续做好制度改革工作,确保改革平稳顺利推进。

一是加强领导,明确职责。人力资源和社会保障部牵头推进职业教育教师人事制度改革,主要负责政策制定;教育等行业部门及学校主要负责教师评审工作的具体组织实施。各部门要密切配合、相互协商,确保职业教育教师人事制度改革顺利推进。

二是周密部署,稳步实施。各地要结合自身实际,深入细致地做好政策宣传解释工作和思想政治工作,妥善做好新旧政策衔接工作,积极应对改革中遇到的新情况和新问题,确保改革顺利推进。

三是强化监管,确保公正。要健全和完善监督机制,对"双师型"教师的认定、聘用、考核,实施公示公开制度、随机抽查制度、责任追究制度,建立复查、投诉机制,充分发挥相关部门和广大教师的监督作用,确保"双师型"教师评价公正规范、公开透明。

规范高校教师聘用和职称评聘条件设置

　　《总体方案》提出，"规范高校教师聘用和职称评聘条件设置，不得将国（境）外学习经历作为限制性条件"。

　　教师聘用和职称评聘条件设置是高校教师队伍建设的"指挥棒"和"风向标"。有什么样的聘用条件，就有什么样的师资结构；有什么样的职称评聘条件，就有什么样的教师努力方向。改革开放40多年来，为深入实施科教兴国发展战略，引进国际化高层次科研人才是高教事业发展在特定历史阶段的必由之路。1998年，《面向21世纪教育振兴行动计划》指出，在当前及今后一个时期，缺少具有国际领先水平的创造性人才，已经成为制约我国创新能力和竞争能力的主要因素之一。为此，高等学校要跟踪国际学术发展前沿，成为知识创新和高层次创造性人才培养的基地；要从国内外吸引一批能够领导本学科进入国际先进水平的优秀学术带头人。经过20多年的努力，我国高校教师队伍建设取得了历史性成就，实现了历史性变革。通过引进和培养相结合，高校教师队伍不断壮大，结构日趋完善，在教书育人、改革创新、服务社会等各方面做出了重要贡献。

进入新时代，高校教师队伍建设面临着新挑战、新使命，也开启了新征程。2018年，《中共中央　国务院关于全面深化新时代教师队伍建设改革的意见》明确要求，引导广大教师充分认识中国教育辉煌成就，扎根中国大地，办好中国教育；高等学校高层次人才遴选和培育中要突出教书育人，让科学家同时成为教育家。为落实立德树人根本任务，使教师承担教书育人根本使命，我国必须把好高校教师聘用"入口关"，完善职称评聘"通行证"。

一、政策提出的现实意义

第一，改变高校教师招聘过度注重出国（出境）学习的硬性要求和隐性认识，推进师资结构优化。一个时期以来，各层次高校在招聘教师时，往往存在以出国（出境）研学为前置条件的明确要求或潜在倾向，各高校的招聘准入门槛往往具有对本土人才的排斥性。有的要求"应聘人应在世界一流高校或科研院所担任终身教授以上或相当职务，具有世界一流的学术水平和影响力"（北京大学人工智能研究院2019年全球学术人才招聘启事）；有的更加直白地要求"具有1年或以上海外学习、研究经历"（北京航空航天大学2017年招聘公告）。多数高校的招聘公告中均有"在国内外知名大学获得博士学位或承担教职"的要求，虽无明确的本土歧视，但实际效果是留学者优先。一些高校实行双院长制度，院长是"海归"，书记是本土教师。这些都是出国（出境）学习导向的现实体现。

出国（出境）优先扭曲了高校师资结构。北京大学教育学院李潇潇、左玥、沈文钦2018年的一项实证研究显示，2011—2017年，810名北京大学和清华大学新任教师（其中，北京大学360人、清华大学450人）中，海归博士所占比例约为47.5%；在境外机构进行博士后工作的新任教师中，其工作机构在美国的占比最大，占境外博士后的74.4%，约占具有博士后经历新任教师总体的35.6%；81.4%的新任教师具有一段或多段海外科研经历。[①]

第二，有针对性地扭转高校职称评聘过度注重境外研学资历、轻视师风师德建设的倾向。2017年，《教育部等五部门关于深化高等教育领域简政放权放管结合优化服务改革的若干意见》提出，改进高校教师职称评审机制，下放高校教师职称评审权，改进教师职称评审方法，明确要求"高校要将师德表现作为评聘的首要条件，提高教学业绩在评聘中的比重"。但是在实际操作上，各高校基本全面实施以教研系列预聘—长聘（Tenure-Track）制度为核心的教师职称评聘制度。教研系列职位由预聘职位和长聘职位组成，主要包括助理教授、副教授和教授等。具有国际教育背景的教师更熟悉和适应国际化职称序列，更倾向于从《科学引文索引》（Science

---

[①] 李潇潇、左玥、沈文钦：《谁获得了精英大学的教职——基于北大、清华2011—2017年新任教师的履历分析》，载《中国高教研究》，2018（8）。

Citation Index，SCI）论文发表、科研成果角度争取评聘资格，教学环节和师风师德建设容易被虚化、弱化。

第三，调整重科研轻教学、重境外学术期刊论文发表轻国内课堂教学的价值导向。扭曲的激励机制决定了不良的行为导向。当前各高校普遍重视国内外各种"排名"，排名依据的往往是科研成果、引文数量和产业收入。因此，无论是在高校聘用环节还是在职称评聘要求上，各高校在诸如"近5年在本学科重要期刊发表SCI篇目数量""是否担任本学科SCI期刊副主编""科研成果影响因子、他引频率"等量化指标上均存在明确要求。虽然没有明示出国（出境）教育的硬指标，但实际上更加注重海外学习和研究背景。

二、政策实施的可行性

一是党管干部原则和党管人才优势是完善聘用和职称评聘机制的根本性制度保障。《中共中央　国务院关于全面深化新时代教师队伍建设改革的意见》明确以"确保方向"为基本原则，强调"坚持依法治教、依法执教，坚持严格管理监督与激励关怀相结合，充分发挥党委（党组）的领导和把关作用，确保党牢牢掌握教师队伍建设的领导权，保证教师队伍建设正确的政治方向"。

二是现有规章制度是不以出国（出境）学习为聘用和职称评聘前置条件的规则支撑。《教育部等五部门关于深化高等教育领域简政放权放管结合优化服务改革的若干意见》明确了"高校根据事业发展、学科建设和队伍建设需要，自主制订招聘或解聘的条件和标准，自主公开招聘人才""将高校教师职称评审权直接下放至高校，由高校自主组织职称评审、自主评价、按岗聘用"。在教育行政部门、人力资源和社会保障部门的指导监督下，进一步优化完善高校评聘工作，这对出国（出境）学习等不合理限制性规定和"海归"优先等歧视性操作起到了明确的规则约束作用。

三是以"立德树人"为核心、注重课堂教学和人才培养实效的价值观是逐步完善高校评聘工作的文化基础。全国教育大会召开以来，各高校、各地方全面贯彻落实习近平总书记重要讲话精神，教书育人风气根本好转，单纯追求排名、以科研为导向、以科研经费标榜高校办学水平的倾向得到全面扭转。高校对"引进什么样的师资、如何培养师资、如何用好师资"的认识进一步统一到中央的决策部署上，将出国（出境）学习作为选师用师的前置条件的做法已经且将持续弱化。

四是出国（出境）学习的普遍性是"人才"观念发生根本性转变的社会经济条件。改革开放40多年来，高等教育转向大众化，出国（出境）研学也从早期的稀罕物、奢侈品转变为普遍的社会现象，"海归"人才与本土培养人才之间的鸿沟正在持续弥合。各高校也逐步从科研人才评聘的海外学习背景要求向"在世界一流高校和研究机构取得切实成果"转变。应该说，这体现了师资建设正在从盲目机械转向科学理性。

三、政策实施的风险点

一是思维惯性风险。长期以来，一些欧美高校始终居于世界高等教育机构的前列，其师资选聘制度逐步为我国高校引进吸收。重视科研成果、重视论文发表也成为我国社会评判高校水平的重要体现，无论是在人才界定还是在执教过程评判上，我国社会普遍存在将拥有海外研学背景等同于高水平、高能力的思维惯性。即使招聘、职称评聘等环节取消了限制性规定，但认知演变仍需要一个过程。

二是利益导向风险。拥有海外研学背景的教师身上一般附带着前期研究成果，对不少高校而言，引进"海归"人才的同时，也带来了项目、资金甚至产业，带来了实实在在的利益。而科研经费、重点实验室数量、论文数量依然是高校美誉度的主要评判标准。因此，现实中仍然会存在虽然取消了对出国（出境）学习的要求，但实际上仍然竞争海外人才的情况。

三是操作实效风险。人才聘用和职称评聘在很大程度上依然具有主观性，即使取消相关限制性前置条件，也会存在"暗示"和默契性操作的土壤。虽然明面上对海内外人才一视同仁，但是在实际选聘中依旧以此为条件的问题暂时无法得到根除。

四、政策实施的建议

一是坚持分类施策。立足我国国情，借鉴国际经验，根据各级各类教师的不同特点和发展实际，考虑区域、城乡、校际差异，有针对性地推动聘用和职称评聘条件改革。对国际前沿学科领域高水平领军团队建设和本科教学队伍建设，应采取不同进度要求逐步推进。

二是坚持增量改革。在新增教师梯队建设上，坚持同等条件下更加重视本土培养的教师力量，逐步优化队伍结构。

三是坚持一视同仁。对海内外师资力量，在师德师风的建设和教学水平负面清单制度的落实上要保持一致性，在此基础上实现准入、考评和待遇的一视同仁。

改进高校教师工作量计算标准

《总体方案》提出，"把参与教研活动，编写教材、案例，指导学生毕业设计、就业、创新创业、社会实践、社团活动、竞赛展演等计入工作量"。

一、政策提出的背景

一是党的十九大明确提出，要深化教育改革，加快教育现代化，培养高素质教师队伍。《中共中央　国务院关于全面深化新时代教师队伍建设改革的意见》《关于深化职称制度改革的意见》《高校教师职称评审监管暂行办法》《教育部关于深化高校教师考核评价制度改革的指导意见》等文件对高校教师评价做出了部署。

二是人才发展体制机制改革对教师评价制度提出了新的要求。在高校教师职称评聘中，科研成果一直是重要的评选条件之一，服务社会未能引起足够重视。评聘标准存在"重科研，轻教学""唯论文""唯项目"的弊端，亟须改革和完善。高校应该为提供社会服务、在本科教学一线取得突出业绩的教师评聘教授职称创造公平的环境。

三是加快建设现代高等教育体系、培养高素质人才对高等教育教师队伍建设提出了新的要求。为进一步办好新时代高等教育，培养造就素质优良的教师队伍，我国迫切需要全面改革教师评价制度，更好地发挥评价的"指挥棒"和"风向标"作用。

二、政策的具体内容

坚持问题导向、目标导向，聚焦高校教师评价中存在的突出问题，我国提出了针对性政策与举措。

一是健全教师评价制度体系。教学、科研、社会服务的顺利结合需要制度保障。鼓励高校把教师服务社会活动计入工作量，充分利用高校的职称评聘，摒弃科研一刀切的考核机制，充分肯定教学、社会服务在教师考核中的地位，努力平衡三者之间的关系，激发教师的潜能，提高学校的整体水平，从而使高等教育教师队伍的建设与管理走上规范化的道路。

二是完善教师评价标准。大学重要的功能之一是为社会发展服务，高校教师职能包含服务社会。因此，在大学的所有工作中，服务学生、服务社会是一项基本工作。高校应该从大学教师职称评聘入手，关注教师在服务学生、服务社会工作中所做的贡献。教师评价标准应充分体现高校教师的职业特点，注重服务社会工作实绩，切实改变过分强调论文、课题项目等倾向。

三是建立多元化评价机制。把教师服务社会活动计入工作量，进行高校教师评价时，科学界定教师服务社会活动的评价权重，建立多元化的高校教师评聘与激励机制。

三、政策实施的建议

目前，高校已把参与教研活动，编写教材、案例，指导学生毕业设计、就业、创新创业、社会实践、社团活动、竞赛展演等计入高校教师工作量，政策基本落实到位。

落实教授上课制度

《总体方案》提出，"落实教授上课制度，高校应明确教授承担本（专）科生教学最低课时要求，确保教学质量，对未达到要求的给予年度或聘期考核不合格处理"。

作为高校的核心资源，教授为本科生上课是学生热切期盼的事，是教师的神圣职责，是中外高校通例，义不容辞。早在1999年，教育部印发的《关于新时期加强高等学校教师队伍建设的意见》中就已经明确要求，"教授应承担并认真完成基础课教学任务，知名教授应为本科生授课"。20多年来，教授为本科生上课仍然是一个有待全面落实的问题，凸显了落实难这一现实问题。

一、政策提出的背景

一是弘扬高尚师德的基本制度。师风师德长效机制建设，重在广大教师以德立身、以德立学、以德施教、以德育德，坚持教书与育人相统一、言传与身教相统一、潜心问道与关注社会相统一、学术自由与学术规范相统一。教授作为教师队伍的"领头羊"、学生景仰的标杆，只有通过课堂教学、实验实践引领，才能使受教育者真正领略大家风范，对标对表，在人生道路上向崇高德行看齐。

二是高等教育的通行制度。教授之所以能成为学科带头人、学术领军者，往往是由其深厚的学养、刻苦钻研的精神和百折不回的意志共同锻造的。其中，敏锐的观察力、科学的判断力固然重要，但起决定性作用的是孜孜不倦地探求真理的精神动力。教授不向本科生开课，其传递的对讲台的倦怠、忽视青年学子的傲慢，很容易成为扼杀追求真理、探索科学的大学精神的毒药。经过长期实践，各高等教育强国都建立了教授给本科生上课的制度。教授上课有助于把自身最新的研究发现带进课堂，把探索精神和方法论传授给年青一代，带动并培育优秀的学科新苗，为科学文化传承与创新奠定人才基础。

三是更新教师知识结构的可持续制度。在知识更新不断加速的当今世界，任何人的知识结构都会过时落伍。开课可以带来一种压力，特别是对人文社会科学学科而言，可以促进教授不断掌握新情况，研究新课题，给出新方案。

二、政策沿革

一是基本制度的连续性保证了有规可依。教授为本科生上课一直是高校的基本制度。2005年,《教育部关于进一步加强高等学校本科教学工作的若干意见》颁布,规定强化教师教学工作制度,完善教师教学考核机制,要求"高等学校要把教授、副教授为本科学生上课作为一项基本制度,教授、副教授每学年至少要为本科学生讲授一门课程,连续两年不讲授本科课程的,不再聘任其担任教授、副教授职务"。2016年,《教育部关于深化高校教师考核评价制度改革的指导意见》进一步强调,"突出教育教学业绩""严格教育教学工作量考核。所有教师都必须承担教育教学工作,都负有关爱学生健康成长的重要责任,要将人才培养的中心任务落到实处。建立健全教学工作量评价标准,把教授为本专科生上课作为基本制度,明确教授、副教授等各类教师承担本专科生课程、研究生公共基础课程的教学课时要求""健全教学激励约束机制""除访学、进修、培训、组织派遣、产假等原因外,教学工作量不能达到学校规定要求或教学质量综合评价不合格的教师,其年度或聘期考核应为不合格"。

二是制度的配套性保证了激励到位。在教育行政部门的引导下,各高校都从老中青梯次安排的角度给予了教授开课制度配套的激励。比如,完善了青年教师和研究生从事助教工作的制度,确保教授授课的同时,减少了繁重的作业批改、习题辅导等任务,同时实现了对青年教师的"传帮带"。又如,一些高校鼓励和推进名师上讲台,积极聘请国内外著名专家承担讲课任务或开设讲座。教授和学生一起听名师开讲，达到了对教授授课的推动效果。

三是制度执行的严肃性保证了政策效果。2005年以来，各地各高校普遍严格执行教授上课制度，一般规定教授每学年须为本科生完整开设一学期课程，对连续两年不为本科生授课的，不再继续聘任其为教授或副教授，初步实现了教授全员给本科生上课的目标。

三、政策实施的风险点

一是制度设立模糊的操作风险。教授为本（专）科生授课应该成为高校的基本制度，高校应明确教授承担本（专）科生教学最低课时要求。在实际操作过程中，最低课时要求若不规定明确，有可能出现以开设单次或少量讲座、专题课等方式，敷衍教学的形式化的现象，偏离制度设立的初心。

二是制度执行的"例外"风险。高校教授并非均质化群体，年龄、体质、所教学科和工作性质千差万别，有的教授所属的专业领域本身具有实验和实践性质，因此，实践中总会存在例外情况。一刀切很容易形成矛盾，但不切一刀又无法保证制度的严肃性。一些高校学术委员会成员甚至校领导是教授的门生，在制度执行上往往网开一面。有的教授对于所在高校来说是核心资源，为了推动教授多出成果、快出成果，高校会主动为教授寻找"例外"借口。

三是制度执行不到位的风险。根据2005年出台的《教育部关于进一步加强高等学校本科教学工作的若干意见》，对连续两年不讲授本科课程的,部分高校给出了严格的"退出"安排,但是很难找到实际操作案例;对未达到对本(专)科生最低课时教学要求的教授给予年度或聘期考核不合格处理,但也可能面临同样的制度执行不到位的风险。

四、政策实施的建议

一是建立完善、科学、清晰的教学效果评价体系。在实践中,各高校已经建立了教师自评、学生评价、同行评价、督导评价等多种形式相结合的教学质量综合评价体系。其中,应该侧重同行评价和督导评价,科学界定教授给本(专)科生上课的最低课时数量、方式、方法。在此基础上,采取有效形式,鼓励前沿讲座、实验实习引领等的开展,使教授更多发挥对学生的科学精神、探索能力的培养作用。

二是落实严格的教学工作量考核机制。制度落实重在严格,"例外"情形的处理办法必须经过学术委员会表决而确定。长期出现例外情况的,应该从教授、副教授转为研究员、副研究员;无不适合从事教学工作的情况出现但不能保证工作量的,应不再续签聘用合同。

支持建设高质量教学研究类学术期刊

《总体方案》提出，"支持建设高质量教学研究类学术期刊，鼓励高校学报向教学研究倾斜"。这为教师潜心教学、深度教研提供了成果展示和交流平台。

1998年，教育部办公厅印发了《高等学校学报管理办法》，其中第二条对高校学报给予了明确定位："高等学校学报是高等学校主办的、以反映本校科研和教学成果为主的学术理论刊物，是开展国内外学术交流的重要园地。"从1906年东吴大学创办我国近现代第一份高校学报以来，高校学报历经110余年的发展，取得了辉煌成就。

目前，高校学报有2000余种，其中，人文社科类学报约占50%。高校学报成为高校重要的教学科研思想阵地，为推动高校学术繁荣和教学研究做出了突出贡献。我们也应该看到，在办刊数量快速增加的同时，高校学报也普遍存在版面和栏目设置不尽合理、偏重科研成果忽视教学成果、作者群体主要集中于本校师生等问题，甚至出现少数学报沦为"花钱买版面"的发表工具等恶性现象。

为贯彻落实全国教育大会精神，坚决克服高校育人中存在的"唯科研""唯论文"问题，配合高校教师聘任和职称评聘改革，我们要积极探索，鼓励高校学报向教学研究倾斜，支持建设高质量教学研究类学术期刊，为教师潜心教学、深度教研提供成果展示和交流平台。

一、政策提出的现实意义

第一，推动高校教师特别是本校教师深入推进教学研究，全面提升教学质量。一个时期以来，高校学报普遍存在刊发科学研究成果多、教学研究成果少，刊发全社会各领域研究成果多、本校教师教研成果少的现象，对本校凝练教研理论和经验、提升教学质量和办学水平的推动力仍然不足。一篇深度教研论文胜过一堂公开课。只有把学报真正办成汇聚本校教学研究、科学研究全方位成果的园地和平台，才能真正激发高校教师认真推动教学理论、教学方法、教学工具和教学效果研究的积极性与创造力，才能凝聚"上好每一堂课"的思想自觉，才能有效传承本校教师的宝贵教学经验，弘扬一代代教学工作者的优良教学作风。

第二，促进高校学报纠正办刊方向偏差，回归功能主业。早在1998年，教育部办公厅印发的《高等学校学报管理办法》第六条就已明确了高校学报的办刊方向和功能定位："高等学校学报工作是高等学校科研和教学工作的组成部分。"学校应"检查学报的政治方向和贯彻执行党和国家有关方针政策的情况""提高学报的办刊质量和水平"。针对办好高校哲学社会科学学报的具体问题，2002年，《教育部关于加强和改进高等学校哲学社会科学学报工作的意见》提出，"要充分认识高校社科学报的地位与作用"，高等学校哲学社会科学学报应"连续、集中、全面反映高校教学科研成果"。进一步向教学研究倾斜，是切实贯彻落实高校"教书育人"本职任务的需要，也是长期以来对学报办刊方向的共识，还是使学报真正融入高校教学学术"一盘棋"的必要手段。

第三，鼓励高校学报发挥比较优势。学报天然比其他学术期刊更加贴近本校教研成果，舍近求远、舍本逐末，忽视优势、突出劣势是学报普遍存在的问题。高校要办出特色，学报本应该是教研、科研特色的集中体现。唯有在采编审等各环节深入本校教学一线，借鉴其他高校的优秀教学研究成果，才能从根本上解决盲目追求科研名家、卖版面等顽瘴痼疾。

二、政策实施的可行性

一是高校学报的办刊方针决定了向教学研究倾斜是改革的应有之义。学报连续、集中、全面反映高校教研、科研成果，是传播社会主义先进文化的重要载体，是展示高校学术水平的重要窗口，是塑造学校形象、创造学校品牌的重要途径，推动着高等学校教研、科研的繁荣发展，承担着"认识世界，传承文明，创新理论，咨政育人，服务社会"的神圣职责。不少高校学报通过设置教研专刊、开辟教研专栏等不同形式，已经在深度推进教学研究中做了有益探索，有条件、有基础进一步向教研倾斜。

二是高校学报整体办刊能力和质量的不断提高为改革提供了组织和队伍保障。当前，全国已经形成了2000多种高校学报，学报编辑部是各高校干部队伍的重要组成部分。在各高校党委的领导下，深入开展学报编审队伍建设，推动学报向教学研究倾斜的主体责任明晰，这也是人心所向。

三是高校学报评估体系建设是激励各高校办好学报的重要推动力。教育部可以在已经建立的学报评估体系的基础上，结合办刊方向，像对重点学科进行评估一样对学报的办刊情况定期进行检查评估，把对学报落实改革的评估情况作为衡量学校工作的一个重要内容，对办得好的学报给予表彰和奖励，对办刊条件差、学术水平低的学报提出警示，并要求其限期整改。

三、政策实施的风险点

一是现行学术期刊评价体系与改革的适应性问题。高校学报作为学术期刊，长期以来比较重视期刊评价和排名。当前期刊评价机构有南京大学中国社会科学研究评价中心、中国科学院文献情报中心、北京大学图书馆、中国社会科学评价研究院等。主流评价体系主要依靠他引率、影响因子等量化指标，科研学术性和原创性要求仍然是主导因素，不利于教学研究类论文的排名。

二是编审队伍能力和素养的适应性问题。高校学报设置的编委会成员、匿名审稿人一般是各学科领域的学术带头人，教研类论文的发表空间仍然存在显著小于科研类学术论文的现实倾向。

四、政策实施的建议

一是在落实学报编辑部主体责任的基础上，推动学报评价机制改革。研究探索学报的办刊评价体系，突破现有量化指标，增加针对教学研究创新性、深度和效果的评价指标，激励学报主动向教学研究倾斜。

二是推动学报进一步改善编审队伍结构。提高编委会成员中各领域教学名师的比例，开辟教研成果发表绿色通道，优化教研专栏或专刊论文审稿流程。

实施教材建设国家奖励制度

有什么样的教材，就能体现什么样的知识传播和价值传承。"实施教材建设国家奖励制度，每四年评选一次，对作出突出贡献的教师等教材建设工作者进行表彰奖励"，是充分发挥教材育人功能的重要政策举措。

一、政策提出的背景

第一，教学改革需要高质量教材。当前，教材建设工作仍滞后于教学改革的实践。比如，因教学计划、课程设置是按新的专业目录修订的，现用教材中有不少内容陈旧，不能满足实际需要；一些课程的教材可供选择的品种太少；一些基础课的教材虽然品种较多，但低水平重复现象严重；有些教材内容庞杂，书越编越厚；专业课教材、教学辅助教材及教学参考书短缺等。这些都不利于学生自学能力的提高和全面素质的培养。

第二，推动高质量教材建设需要权威奖励制度。当前，各高校、各部门对新教材的评介、宣传、推广力度不够，影响了适应各学科发展的权威教材在高校的使用。有些新出版的教材缺少教学实践的验证，需要通过进一步加强实践，并在实践的基础上进行修订的方式，逐步形成精品教材。

第三，新时代出现的新情况需要国家奖励制度引领。教材编写激励机制不完善，教师（特别是高水平的教师）编写教材的积极性受到影响；学科专业教材建设不均衡，基础课教材、热门专业教材众多，布点少且招生量少的专业、战略性新兴产业专业教材不完备；实践教学教材缺乏；教材质量监管制度不够健全，教材评价选用机制有待进一步完善，少数学校选用低水平教材的现象仍然存在。

二、政策实施的可行性

（一）国家奖励制度曾经推动且必将继续推动高校人才培养上台阶

1987年12月，国家教育委员会召开了全国高等学校优秀教材评审会议，聘请了文、理、工、农、医各科各类专业的专家、教授130多人，评选出全国优秀教材261种。其中，文科66种，理科35种，工科基础课25种，工科专业课111种，农科10种，医科14种。之后，国家教育委员会又在全国优秀教材评选的基础上，经过严格程序的讨论和投票表决，从中确定了22种教材，授予国家级优秀教材特等奖。实践证明，国家级优秀教材评定对于提升高校办学水平和育人质量起到了不可磨灭的贡献。进入新时代，进一步实施好国家教材奖励制度，有助于全面提高我国各领域人才培养的核心竞争力。

（二）国家奖励是提振教材针对性的重要手段

教材质量在一定程度上取决于编写者的水平，国家奖励有助于鼓励和支持专业造诣高、教学经验丰富的专家学者参与教材编写，提高教材编写质量。加强教材研究，创新教材呈现方式和话语体系，可以实现理论体系向教材体系转化、教材体系向教学体系转化、教学体系向学生的知识体系和价值体系转化，使教材更加体现科学性、前沿性，进一步提高教材的针对性和实效性。4年一个评审周期，既充分考虑了全球知识体系和学科体系的更新，又能够有效鼓励教师系统总结、梳理教材建设和内容编写的重点内容，关注薄弱环节。

（三）目前已经具备了坚实的国家财力保障

2018年，教育部办公厅印发的《教育课程教材改革与质量标准工作专项资金管理办法》明确规定，"本办法中的专项资金是指中央财政通过一般公共预算安排，列入教育部部门预算，专门用于支持课程教材建设、改革及相关质量标准体系建设的资金"，专列了教材奖励，包括"国家教材建设奖的组织、评审、奖励以及推广等"。

三、政策实施的风险点

一是评审质量递减风险。教材编写和使用都具有周期稳定性，存在编写精品教材难，但一旦其成为各高校公认的权威教材，其他教材则很难超越的客观现实。因此，在国家奖励制度落实初期，因优秀教材填补了空白，它们容易成为真正的精品教材，但精品很容易成为孤品，势必影响后续教材评选的权威性和通用性。

二是受奖励教材的推广风险。教材的推广程度取决于教师的掌握和运用能力及程度。不同教材在章节编排、知识点衔接和习题难度设置上都存在差异，也会带来不同的教学效果。各高校相同学科或相同专业在推广教材的过程中存在教师必须先吃透，而后才能准确讲授的现实问题。过于频繁地更换教材可能影响教学质量。

四、政策实施的建议

一是按照宁缺毋滥的原则，确保国家奖励制度的严肃性、权威性。对于基础课教材，编写应坚持一定的周期长度；对于小众专业教材，要更加鼓励填补空白。

二是针对教育的不同层级和高校的不同特点设置国家奖励。在教材的使用上，注重各专业指导委员会的引导和各高校的自主的平衡。就相同的基础课和专业课，可以让不同难度的教材都竞争国家奖励，以达到因材施教、因专业人才培养方向的不同而异的教学效果。

三是引导鼓励高校采用国家奖励教材。教材使用情况应作为各层次教育质量评估的重要定量指标。同时，鼓励各高校优秀教师编写高质量教材并参评国家奖励。

强化一线学生工作

中国特色社会主义进入新时代，教育要把培养担当民族复兴大任、德智体美劳全面发展的社会主义建设者和接班人作为重要职责，核心是改革教育评价制度，创新育人方式，构建以学生为中心、以立德树人为根本任务、全员参加的教育评价制度。要改变当前教育改革与发展中存在的重智育、轻德育，重知识、轻能力，重书本、轻实践的倾向，坚决扭转不科学的教育评价导向，坚决克服唯分数、唯升学、唯文凭、唯论文、唯帽子的顽瘴痼疾，突出学生工作，完善以立德树人为根本任务、全员参加的教育评价制度。各级各类学校要普遍构建学校领导干部、党务干部和教师等全员参加的立德树人教育网络，形成价值塑造、知识传授、能力培养和身心健康有机结合的教育评价制度。

整体构建大中小一体化的育人体系，统筹安排各级各类学校领导干部、党务干部和教师协同参加学生工作，坚持教育为人民服务、为中国共产党治国理政服务、为巩固和发展中国特色社会主义制度服务、为改革开放和社会主义现代化建设服务，办好人民满意的教育，培养担当民族复兴大任的时代新人，培养德智体美劳全面发展的社会主义建设者和接班人。

一是落实中小学教师家访制度，推动学校、家庭、社会协同育人机制的形成。班主任每学期至少与学生家长开展1次面对面交流，学校应将教师家访情况纳入教师绩效考核内容。

二是各地要因地制宜设立思想政治课教师、辅导员和中小学班主任岗位津贴标准，并纳入绩效工资管理，相应核增绩效工资总量，激励更多教师积极承担思想政治课教学任务、中小学班主任等工作任务，准确掌握所在班学生的思想状况，引导学生正确对待各个方面的学习，促进学生身心健康成长。

三是深化大中小学思想政治课一体化建设。高等院校要进一步加强学生的思想政治工作，深入开展理想信念教育，增强学生对马克思主义的信仰、对社会主义和共产主义的信念，使学生具有中国特色社会主义共同理想，引导学生矢志不渝听党话、跟党走，争做中国特色社会主义合格建设者和可靠接班人；高中阶段重在提升学生的政治素养，引导学生衷心拥护党的领导和我国社会主义制度，形成做社会主义建设者和接班人的政治认同；初中阶段重在打牢学生的思想基础，引导学生把党、祖国、人民装在心中，强化做社会主义建设者和接班人的思想意识；小学阶段重在启蒙学生的道德情感，引导学生形成爱党、爱国、爱社会主义、爱人民、爱集体的情感，具有做社会主义建设者和接班人的美好愿望。高校领导班子成员要把联系学生情况、上思想政治课情况作为年度述职的重要内容，作为领导干部民主生活会上对照检查的重要内容。

四是完善学校党政管理干部选拔任用机制。各级各类学校党政管理干部原则上应有思想政治课教师、辅导员或班主任等学生工作经历。要推动高校党委书记、校长带头抓思想政治工作新机制，加强和改进学校领导干部深入基层联系学生工作，推动领导干部兼任班主任等工作，建立健全高校党委书记、校长及职能部门力量深入一线了解学生思想动态、服务学生发展的制度性安排。学校党委书记、校长作为学校思想政治课建设第一责任人，要结合自身学科背景和工作经历，带头走进课堂听课讲课，带头推动思想政治课建设，带头联系思想政治课教师。

五是进一步加强教师在学生工作中的地位和作用，鼓励教师进一步发挥"传道、授业、解惑"的作用。要整体推进高校思想政治课建设和中小学德育工作，深度挖掘高校各学科门类专业课程和中小学语文、历史、地理、体育、艺术等所有课程蕴含的思想政治教育资源，解决好各类课程与思想政治课相互配合的问题，发挥所有课程的育人功能，构建全面覆盖、类型丰富、层次递进、相互支撑的课程体系，使各类课程与思想政治课同向同行，形成协同效应。为此，青年教师晋升高一级专业技术职务（职称），至少须有一年担任辅导员、班主任等学生工作经历。

各级各类学校要大力弘扬社会主义核心价值观，在保证学生掌握基础知识和基本技能的基础上，坚决推进相关工作，围绕学生品德修养、学习进步、全面发展、健康成长，培养学生的认知能力、合作能力、创新能力、解决实际问题的能力等，引导学生树立正确的世界观、人生观、价值观，扣好人生第一粒扣子。

改进高校教师科研评价

改进高校教师科研评价，主要是破除量化评价、功利评价的问题，引导高校教师科研以人才培养为本、以科研质量和实际贡献为本。

一、政策提出的背景

"科研评价体系"的旧政是什么？截至目前，其实并没有非常权威的解释。是不是存在"唯论文、唯帽子、唯职称、唯学历、唯奖项"的旧政？也并没有可靠的政策文件作为依据。

科研评价包括科研组织评价、科研人员评价、科研项目评价、科研成果评价。

20世纪80年代末，南京大学率先将SCI引入中国的科研评价体系。此后，中国学界竞相模仿，教育部门等也将SCI收录论文的多少作为评价学术水平高低的重要指标。这使得SCI收录论文数量成了此后一段时间中国学术评价体系中最重要甚至是唯一的标准，以至形成了以SCI收录论文数量为重要考核指标的论文评价体系。大学的学科评估排名，学位授予点评审，重点学科、重点实验室申报，科研项目审批结题等，都以SCI收录论文数量为重要考核指标。

以考核SCI收录论文数量为代表的量化评价逐渐成为主导一切评价的评价方法。在大学排名、新增学位授权点评审、曾经的重点学科评估、"帽子"人才评价、学科评估、"双一流"评价等一系列评价中，人们都将SCI收录论文数量作为核心指标。

2000年以后，学术界逐渐认识到"SCI至上"的后果。2007年开始，SCI逐渐被基本科学指标数据库（Essential Science Indicators，ESI）替代。然而实际上，ESI的背后仍然是SCI。评价一流大学、一流学科的核心指标只是从过去单纯的论文数量，转向了论文总被引数和篇均被引数等指标。

二、政策沿革

近年来，我国高校教师科研评价过多、过于频繁、过于偏向计量指标，已成为大家反映较为集中的热点问题。科研评价会对科研人员的行为起到导向性作用，进而影响整个科学技术事业的发展。

2016年8月，《教育部关于深化高校教师考核评价制度改革的指导意见》强调，考核评价是高校教师选聘、任用、薪酬、奖惩等人事管理的基础和依据。该文件指出，"完善同行专家评价机制，积极探索建立以'代表性成果'和实际贡献为主要内容的评价方式，将具有创新性和显示度的学术成果作为评价教师科研工作的重要依据""要探索建立院校评估、本科教学评估、学科评估和教师评价政策联动机制""扭转评价指标过度强调教师海外学历、经历或在国外学术期刊上发表论文的倾向"。

2018年2月，中共中央办公厅、国务院办公厅印发《关于分类推进人才评价机制改革的指导意见》，提出"根据不同职业、不同岗位、不同层次人才特点和职责，坚持共通性与特殊性、水平业绩与发展潜力、定性与定量评价相结合，分类建立健全涵盖品德、知识、能力、业绩和贡献等要素，科学合理、各有侧重的人才评价标准""坚持凭能力、实绩、贡献评价人才，克服唯学历、唯资历、唯论文等倾向，注重考察各类人才的专业性、创新性和履责绩效、创新成果、实际贡献。着力解决评价标准'一刀切'问题，合理设置和使用论文、专著、影响因子等评价指标，实行差别化评价""按照社会和业内认可的要求，建立以同行评价为基础的业内评价机制，注重引入市场评价和社会评价，发挥多元评价主体作用。基础研究人才以同行学术评价为主，加强国际同行评价。应用研究和技术开发人才突出市场评价，由用户、市场和专家等相关第三方评价"。

2018年9月，习近平总书记在全国教育大会上指出，要深化教育体制改革，健全立德树人落实机制，扭转不科学的教育评价导向，坚决克服唯分数、唯升学、唯文凭、唯论文、唯帽子的顽瘴痼疾，从根本上解决教育评价指挥棒问题。

2018年10月，《科技部　教育部　人力资源社会保障部　中科院　工程院关于开展清理"唯论文、唯职称、唯学历、唯奖项"专项行动的通知》发布。同年11月，《教育部办公厅关于开展清理"唯论文、唯帽子、唯职称、唯学历、唯奖项"专项行动的通知》发布。

三、国内实践

2009年，为解决部分文科院系中少数不符合"刚性"学术标准，但学术能力突出的教师职称晋升问题，复旦大学首次尝试建立"代表作"评价机制，即候选人自主提出申请，在通过院系推荐和学校审核后，接受由学校邀请的5位校外资深同行专家的评议。同行专家根据申请人提交的代表性论著，对其学术水平做出评定。通过评定的申请人可获得高级职务竞聘资格。2011年，学校将"代表作"评价机制拓展至所有文科院系。2012年，在认真总结经验的基础上，学校制定了新的《教师高级职务聘任实施办法（试行）》，正式在全校推行实施"代表性成果"评价机制。

四、国际经验

一是对不同序列教师进行分类评价。美国教师分终身教职序列和非终身教职序列，大学的职责是帮助教师平衡好教学、科研的关系，规划好教师职业发展道路，管理好教师心理预期，让他们在各自适合的道路上自由发展。选择终身教职的，从助理教授起步，升上副教授后步入终身岗位。助理教授入门门槛较高，必须获得博士学位或本专业的最高学术头衔；完全独立从事教学科研工作，有独立实验室、独立研究方向，可以独立带博士、硕士研究生；既要做科研，也要从事本科生和研究生的教学工作，还要承担一定的行政服务工作（如兼任学生辅导员）。非终身教职要求相对较低，教师可以只做教学或科研，相应的劳动报酬和保障要低一些。只干教学的，其称呼一般是讲师，专职为本科生讲课，可以做到退休；只干科研也可以，学校可以根据需要聘用或解聘。

二是注重评估程序的严谨性。美国助理教授升副教授的时限一般是5～6年，"非升即走"，学校从科研、教学、服务等方面综合评估候选人。通常情况下，研究型大学更偏重科研成果，文科艺术类院校更偏重教学能力。教师评上副教授后就拥有了终身教职，可以干到退休，不用担心被解聘。教师升教授通常要依次闯六道"考评关"：外部同行评议，多位熟悉候选人工作领域的国内外专家对候选人做出背对背评估，各自给出独立评价报告；基于外部同行评议和候选人在简历中描述的成果，候选人所在院系资深教授组成评选委员会对候选人做出评估，给出同意提升或拒绝提升的意见；院系投票给出意见；院系将决定提交学校评审委员会，评审委员会由外院系的资深教授组成，决定是否接受院系的决定；院系负责人给出意见；以校长为首的校务委员会进行裁决。

三是突出个性化，注重评价细则。美国每一位教师在教学、指导、研究、服务等方面约定的工作量均有所不同且会适时调整。比如，某大学某年某教师的工作量，教学占15%、指导占12%、研究占68%、服务占5%；之后逐年调整，几年后变为教学占44%、指导占11%、研究占40%、服务占5%。院系领导负责为每一位教师制定个性化工作量，为每一位拟晋升人员筛选专家、联系外审；教授认真研究每一份评审材料，公正详细地撰写评价意见。美国出台了详细的教师评价标准，为判断教师是否达到了"符合""超过""远超"等级提供详细指南；强调目标水准而非定量测评，采用量化指标的前提是申请人提供了详尽的申请材料，校内外专家对此进行了细读精审，对申请人在学术、教学、服务方面的实质性贡献进行了考量，以申请人长期在同行中建立起的声誉和专业化的评价为基础。

四是确保科学性、激励性和公正性。美国高校教师的绩效评价强调严格的学术科研效力，学校会组织匿名外审小组进行评估，以确保公正性、严谨性。英国教师评价具有明确的目的性，即服务于教师的进步与发展，将绩效工作看作发展学术的力量和源泉；鼓励教师参加培训，包括出国研修，以提高教师综合素质。加拿大高校注重人才引进，将教学、科研和服务作为高校教师的核心使命，在绩效评定中严格建立以教师、学生、专家于一体的评价体系。如果教师的评价成绩突出，那么他将会获得晋升、加薪、休假、科研基金等多项福利支持。日本高校教师绩效评定需要校长、行政机构和教师代表参加，设定了细致严格的评价指标，强调对教师进行长期考评和持续追踪，以确保评价结果的公开与公正。

2019年年初，英国发布了"卓越科研评价框架"的细则——《科研评价标准和工作方法》。其中规定，任何评估小组（四大类学科主评估组划分为34个小学科评估小组）对科研成果进行评估，不得考虑发表该成果的期刊的影响因子，不得考虑期刊的档次和级别。若干小学科评估小组明确表示，科研成果评价中，彻底不看引用数。比如，物质科学、工程和数学大类中的"数学"评估小组、"工程"评估小组；社会科学大类中除"经济学和计量经济学"评估小组之外，其他评估小组均不看引用数；艺术与人文大类中，评估小组一律不看引用数。也有若干小学科评估小组表示，会部分看引用数，如医学大类中的所有分学科评估小组。

美国高校科研评价一般注重对科研成果的水平和贡献进行评价，学术同行在评价过程中并不注重期刊、出版社等因素，主要对科研成果内容进行评价。阶段性成果、网络发表的成果、待出版专著等也可提交同行评审。

五、政策实施的建议

第一，将师德师风考核放在首位。党的十八大提出"把立德树人作为根本任务"，为教育指明了前进的方向。立德树人的重点是以德为先、能力为重，因此，高校应将师德考核摆在教师考核的首位。将师德考核标准化、细节化，建立师德考核档案，完善师德教育、培训、监督、考评制度，强化学生对教师的满意度评价，全面考核评价师德表现，并将师德作为教师绩效评价、职务聘任和评优奖励的首要标准。制定师德规范，强化尊师重教的大学文化氛围，将敬畏、崇尚高品质教学落到实处，引导教师争做"四有"好老师，同时传递给教师"不能做什么"的明确信号，引导教师牢牢守住师德底线。

第二，实行分类评价。政府要积极制定改革考核评价高校教师的指导意见，结合高校的不同类型、办学特征、专业领域和岗位职责等，分类指导高校教师的考核评价工作，制定面向高校不同类型教师的考核评价标准和指导标准。要根据学科的不同特点和不同的岗位职责，对教师进行教学、科研和社会服务等方面的综合评价。指标体系的设计要体现和反映出对不同类型教师的评价特点。比如，对教学科研型教师，要注重考查教学工作水平和效果；对从事基础研究的教师，应着重考查在科学研究上的贡献；对从事应用和工程技术研究的教师，要着重考查其解决关键技术问题的能力；对从事哲学社会科学研究的教师，要严格把握政治倾向，并重点考查其学术影响、在解决社会经济发展中重要理论与实践问题等方面的贡献等。

第三，平衡教学、科研、社会服务指标。围绕高校的人才培养、科学研究、社会服务三大任务，来设置教师考核评价指标体系，引导和鼓励教师在教育教学、科学研究、社会服务等方面，立足本职岗位，努力提高业绩水平和服务质量。

第四，构建国家高校教师评价指标管理体系。将教育评价制度纳入国家教育基本制度范畴，建立一套科学的、具有指导实践意义的高校教师评价制度指标体系，并进行长期、持续、有效的监控研究，将有助于政府通过法律、经济等手段加强对高校教师发展机制的宏观管理和战略调控，有利于满足高校对教师进行评价等多方面需求，有利于国际高校组织、民间研究机构进行交流合作与研究，最终将有利于促进高校目标的实现、教师自主发展的实现。

第五，实施多方评价。要注重群众评议与组织考核相结合，强调评价中多方的参与，通过多种手段调动广大教师参与考核评价工作的积极性，鼓励教师本人、同事和学生以及群团组织等积极参与到考核评价的过程中来，不断探索运用他评与自评相结合的办法与途径，使教师考核评价具有较为广泛的群众基础。这也成为考核评价工作一直连续不断地进行，并不断改进的原因。只有做到使评价对象人人参与评价工作、人人共享评价成果，才能增进评价对象对评价工作的支持和认同，保证高校教师评价工作的有序开展。在实施高校教师分类评价工作的过程中，我们需要鼓励教师全员参与，建立起长效的分类评价机制。

第六，运用新兴信息技术等实现精准评价。信息技术的发展为高校教师的评价提供了很好的工具，能够全方位提高高校教师评价的水平。大数据时代对高校教师的评价实现了全域关照、立体全息和主体增值；区块链技术的去中心化与可追溯性可实现加密传输高校评价中的所有数据，能够防止数据丢失或被恶意篡改，助力解决高校教师评价数据信度低等问题；人工智能正在推动评价手段从人工评价到智能评价发展。

第七，科研成果类型多元化。教师科研评价要强调岗位性质和学科特点，科研成果不局限于论文。比如，教师提高了本科教学质量、带出了高水平研究生、编写出了高水平的教材，都可以算作育人科研成果；完成了国内外一流的软件编程、制定了行业标准等也都可算作科研成果。教师科研评价要关注教师对组织学术水平提升的贡献（由单位组织成员来评价），关注对服务对象的实际作用（由学生和科研项目提供方来评价），改变唯论文的评价模式。

创新德智体美劳过程性评价办法

一、政策提出的背景

　　教育评价的目的是创造适合人们的教育，即评价是为了判断评价对象的现状，以便发现问题，使教育教学工作不断改进、不断完善、不断适合教育对象的需要，为提高教育质量服务。然而，我国现有的教育评价更多地重视反映学习结果的总结性评价（如学校期末考试、各级升学考试等），往往忽视体现学生学习过程的过程性评价；评价方法通常只重视教师的评价，而忽视学生的自我评价和学生间的相互评价；评价功能只重视评价和测试的分级和选拔功能，忽视为学生进一步改进学习服务的功能；评价内容只重视对语言知识和语言能力的考查，忽视对学生情感、文化意识以及综合素质的考查。现有评价重结果、轻过程，重奖惩、轻激励，很难真正体现学生综合素质评价的过程性、发展性功能。有效地发挥过程性评价的作用是目前我国教育评价工作改革的当务之急。

发展素质教育的核心是全面落实党的教育方针，让学生德智体美劳全面发展。构建德智体美劳全面培养、"五育"并举的教育体系的关键是，建立和完善以素质教育为导向的科学评价体系，通过创新德智体美劳过程性评价办法，扭转学生评价中以鉴定性、总结性评价为主，诊断性、过程性评价不足的现状，进一步强化德育、体育、美育和劳动教育的育人功能。

二、政策的基本内涵

过程性评价是通过分析受教育者在学习过程中的表现，判断教育方案、教育过程与教育活动中存在的问题，为正在进行的教育活动提供反馈信息，以提高受教育者的学习质量和教育活动的质量而进行的评价。一般说来，过程性评价不以区分评价对象的优良为目的，不重视对被评价对象进行分等鉴定。

创新德智体美劳过程性评价方法主要包括三个方面。一是学生学习的过程性评价，主要包括技能、认知、学习态度与行为、交往与合作精神等。淡化评价的甄别、选拔功能，强化激励、发展功能，把学生的进步幅度纳入评价内容。二是教师教学的过程性评价，主要包括教师业务素养（专业素质、教学能力、科研能力、教学工作量）和课堂教学两个方面，可通过教师自评、学生评价、同行专家评议等方式进行。三是课程建设的过程性评价，主要包括课程结构体系、课程内容、教材建设、课程管理、师资配备与培训，以及课程目标的达成程度等，采用多元综合评价的方式进行。

三、政策实施的建议

要想创新德智体美劳过程性评价方法，相关部门需着力解决三个问题。

一是评什么的问题。地方教育行政部门和学校要抓紧研制德智体美劳过程性评价标准。

二是谁来评的问题。地方教育行政部门、编制部门和学校要解决相关评价主体缺位的问题。据调查，当前一些地方教师总量超编、结构缺编的问题仍未有效解决，如部分县紧缺体育、美育和劳育教师。教师不足势必影响相关课程过程性评价的开展。

三是怎么评的问题。各级学校要解决评价主体工作到位的问题。据调查，湖南省一些中小学的综合素质评价主要由无教学任务的学校心理教师来承担。如果不能从制度上保证任课教师认真参与过程性评价，那么过程性评价也就形同虚设。

完善综合素质评价体系

一、政策提出的背景

近些年，随着考试招生制度改革的深入推进，教育评价不再仅仅关注学生的学业成就，学生的品德发展水平、学业发展水平、身心发展水平、兴趣特长养成、学业负担状况等也被纳入评价体系，学生综合素质评价体系得以建立。2002年，《教育部关于积极推进中小学评价与考试制度改革的通知》中明确提出，学生的基础性发展目标包括道德品质、公民素养、学习能力、交流与合作能力、运动与健康、审美与表现6个方面。2014年，《教育部关于加强和改进普通高中学生综合素质评价的意见》将高中学生综合素质评价内容明确为思想品德、学业水平、身心健康、艺术素养、社会实践5个方面。当前，在综合素质评价的具体参照指标方面，大多地区在《教育部关于积极推进中小学评价与考试制度改革的通知》的基础上，根据现实情况生成了多元的、丰富的评价指标体系；在评价主体方面，强调评价主体的多元化，具体评价方式包括学生的自我评价、同学之间的评价、教师评价学生、家长参与评价等。

《国家中长期教育改革和发展规划纲要（2010—2020年）》颁布以来，相关政策将学生参加社会实践的情况、"三爱"（爱学习、爱劳动、爱祖国）表现、艺术素质、体质健康状况和运动技能等级、参加劳动的情况等纳入学生综合素质评价，长期以来在人才培养上重智育、轻全面发展的倾向正在逐步扭转。在中高考改革中，无论是中考改革提出的"一依据、一结合"，还是高考改革中的"两依据、一参考"，综合素质评价都成为重点。中高考考试招生中提出考查并参考学生的综合素质评价，这是破除"唯分数"评价的有力抓手，也是落实立德树人根本任务、促进育人方式变革的重要手段。

然而在实际执行时，大、中、小学的综合素质评价主要还是关注学生的学业成就，评价主体主要是教师和学校，学生自评及互评的力度不够。评价的过程性数据收集有一定的困难，或收集后未仔细分析。评价内容主要还是阶段性或最终的学习结果，未真正评价出学生的思考过程及发展过程。评价多指向结果利用，却忽视了评价过程对学生终身发展的促进和对学校办学质量的提升的作用，这就使得对日常性、发展性的综合素质评价的关注较少。

此外，各学段的综合素质评价尚未形成完整统一的体系，彼此间缺乏有机衔接。在具体的学生综合素质评价中，"简化程序、集中突击、匆忙收场"的工作方式普遍存在。原有的学生综合素质评价方式难以满足高校在较短的录取时间内高效使用的需求，综合素质评价与高校招生基本处于"软挂钩"的形式主义境地，录取的公平性、科学性难以保证。这些问题与素质教育的理念、"立德树人"的根本任务和"培养德智体美劳全面发展的社会主义建设者和接班人"的目标显然不相适应。

二、政策的基本内涵

学生综合素质评价是为了更好地促进学生的全面发展，在评价的过程中发挥其生成性的功能。但是，目前的综合素质评价更在意的是对教育成果的判别，将学生分成不同等级，分门别类，忽略了评价过程中对学生成长有价值的教育信息，更难以表达出学生内在的学习方法和情感价值观。在综合素质评价的操作过程中，由于学生群体庞大、教师教学工作繁忙等客观情况，在可操作性上，评价的难度较大，一些学校为了不影响正常的教学秩序，规避学生评价中的繁杂，往往将综合素质评价工作"承包"给一些公司或是个人来做。一些地方学生综合素质评价的过程和结果出现了不同程度的形式化。

完善学生综合素质评价体系就是要通过顶层设计的进一步优化、评价指标体系的进一步完善、评价主体的进一步扩大、评价方式方法的更加多元和科学、评价结果使用范围的进一步拓展，巩固、强化和提升学生综合素质评价的实施效果，以此引领学生全面和个性发展。

三、政策实施的建议

一是在评价内容上，从各个学段、各个年级"一刀切"转变为针对学生发展的不同阶段，有侧重地设计评价内容，提高评价指标的针对性，实现相互衔接。

二是考试招生部门要落实学生综合素质评价在中高考中起参考作用的刚性要求，不断提高其参考权重，扩大学生综合素质评价结果的使用范围，提高其长效性。

三是学校要切实担负起学生综合素质评价的主体责任，按照"谁了解、谁评价，谁评价、谁负责"的原则，注重全员性、全方位、全程性评价。全员包括学生、同伴、教师、家长和社会人士等；全方位包括学生的思想道德、学业成就、合作与交流、运动与健康、审美与表现、个性发展（包括个性特长和有新意的成果）等方面；全程包括各年级、各学期的全过程。

四是教育行政部门和学校应建立综合素质评价工作风险清单，明确潜在的风险隐患、可能导致的不良后果、事前预防措施、事件发生后的应对措施、学校责任部门和责任人，加强对学生综合素质评价工作的风险管控。

　　五是加强对学生综合素质评价的教育督导。要把是否建立健全综合素质评价制度和是否有效实施学生综合素质评价作为评价地方教育行政部门和学校治理水平、治理能力高低的重要指标。

科学设计各级各类教育德育目标要求

一、政策提出的背景

德智体美劳，德是第一位的，具有根本性、引领性作用。德育是全面推进素质教育的灵魂。当前德育的突出问题主要表现在以下几方面。在内容上，存在简单化倾向，不符合认知规律，与学生身心发展特点和思想、生活实际相脱节；在方式方法上，未能把学校教育、家庭教育和社会教育结合起来，也未能把知识传授与行为养成结合起来，存在教与学、理论与实践"两张皮"的现象。要改变这种状况，必须依据不同年龄段学生的身心特点和接受能力，确立由浅入深、由低到高的阶段性目标，提高德育工作的针对性和实效性。

目前，教育部印发的《中小学德育工作指

南》明确了中小学德育的总体目标和小学、初中、高中各学段的目标，但职业教育、高等教育、成人教育、特殊教育依然缺乏相应的德育目标。

科学设计各级各类教育德育目标要求是实现把德育贯穿于教育的全过程，渗透到学校教育的各个方面，使学生将自己的理想与日常的学习生活实践联系起来，完善德育评价，落实立德树人根本任务的必然要求。

二、政策的操作要点

整体规划各级各类学校的德育目标体系，要遵循青少年学生思想品德形成的规律和社会发展的要求，根据德育工作的总目标，科学地规划各教育阶段的具体内容、实施途径和方法。各种教育内容的深浅和侧重点应根据不同年龄、不同学习阶段学生的理解和接受能力而有所不同。各教育阶段的德育课程、教学大纲、教材、教育和管理方法、学生思想品德表现的评定标准及方式等要加强整体衔接，防止简单重复或脱节。

三、政策实施的建议

教育部相关司局牵头，会同地方教育行政部门、教育科研机构和学校组织力量开展各级各类教育德育目标专题研究，探索新时期德育工作的特点和规律，创新德育工作的途径和方法，建立德育目标、德育内容和实施途径相统一，各级各类学校德育相衔接，德智体美劳五育有机结合的目标体系，提高新时代德育工作的科学性、系统性和实效性。

通过信息化等手段实施德育评价

《总体方案》提出，"通过信息化等手段，探索学生、家长、教师以及社区等参与评价的有效方式，客观记录学生品行日常表现和突出表现，特别是践行社会主义核心价值观情况，将其作为学生综合素质评价的重要内容"。

一、政策提出的背景

实施教育评价是进行教育教学决策的重要前提，而有效的教育评价依赖于全面的、可靠的评价方式。大数据重在对多维、大量数据的深度挖掘与科学分析，以寻求数据背后的隐含关系与价值，这样的做法有助于将德育评价从基于小样本数据或片段化信息的推测转向基于全方位、全程化数据的证据性决策。利用大数据，对教育数据，包括结构化、非结构化的数据，进行全方位与全程性采集，使德育评价突破了传统评价体系中对学生考试成绩的依赖，将碎片化评价整合为系统化评价，保障了评价的全面性与可持续性；支持多主体、多元化评价，丰富了教育评价的功能；同时，基于大数据的教育评价可以实现对多维教育数据的深度分析，从而使家长、教师及学生了解到学生的特长，促进学生个性发展。

德育工作是一项社会性的系统工程，德育评价也需要社会的广泛参与。德育信息化和社会化可最大程度保证系统记录的真实性，数据客观、可信、可用，以诚信记录推进诚信教育，进而推动社会诚信体系不断完善，有利于社会诚信文化的构建。

在2019年全国教育工作会议上，时任教育部部长陈宝生指出，德育仍存在"软、浮、虚、乱、散"问题。"软"，说起来重要，做起来次要甚至不要；"浮"，看似活动多、场面大、热热闹闹，但入脑入心不够；"虚"，内容空泛，没扣住对准学生特点，没很好解决学生思想深处的问题；"乱"，家长、校外培训机构和一些社会组织观念有偏差、行为不规范，甚至追求私益、忘了公益；"散"，政府、学校、社会各方面力量还不集中，合力还不够。要解决这些问题，我们迫切需要改进传统德育评价方式，推进德育评价的信息化、社会化。

二、政策的基本内涵

德育评价信息化的内涵如下。一是评价内容的信息化。充分利用信息化手段，客观记录学生品德日常表现和关键表现，推进过程性评价和发展性评价，突出德育实效，克服传统学校德育以鉴定性评价为主的模式。二是评价管理的信息化。建立和完善学校德育评价信息管理系统。基于大数据体系构建德育评价信息的科学采集、分析和支持平台，进而探索大数据和"互联网＋"条件下德育评价科学发展的实现路径，发挥大数据在德育评价中的作用。

德育评价社会化的内涵如下。一是评价主体的社会化。探索组织学生、家长、教师以及社区等有效参与的方式，改变传统德育由教师、学校评价的模式，建立社会评价学校德育工作新机制。二是评价内容的社会化。改变传统德育评价内容以课本知识和试卷考题为主的模式，引导学生积极投入社会实践，在社会实践中磨炼品格、增长才干。三是评价方式的社会化。引入社会专业机构参与学校德育评价，提高学校德育评价的科学水平。

三、政策实施的建议

一是建立和完善德育评价信息系统。以政府教育行政部门为主导、学校为主体建设德育评价信息管理系统，设定标准，统一接口，让各级各类学校上传所需数据。通过信息数据的实时传输、分析、共享，实现全国学校德育的实时监控，搭建一个综合的、开放的德育评价平台。

二是保障社会机构的有效参与。学校要主动与家长及社会各方面密切合作，充分发挥家长委员会、关心下一代工作委员会、社区教育委员会、校外德育辅导员等的作用，动员、组织、协调社会各方面力量参与学校德育评价工作。德育评价是高度专业化的工作，教育行政部门应引导行业协会、专业学会、基金会等各类社会组织有效参与德育评价。引入市场机制，将委托专业机构和社会组织开展德育评价纳入政府购买服务范围，加快制定专业机构和社会组织参与教育评价的资质认证标准。

建立日常参与、体质监测和专项运动技能测试相结合的考查机制

政策目的是落实习近平总书记"要树立健康第一的教育理念",加强学校体育教学,提高学生身体素质。

身体健康是学生全面发展的基础。在2018年全国教育大会上,习近平总书记强调"要树立健康第一的教育理念",并为学校体育发展提出了新的目标,即帮助学生在体育锻炼中"享受乐趣、增强体质、健全人格、锤炼意志"。学校体育教学和评价都应围绕这一目标开展。

从近年来重要文件的表述中,我们也能清晰地看出国家对学生身体健康重视程度的提升。2010年,《国家中长期教育改革和发展规划纲要(2010—2020年)》要求考试招生制度改革要"按照有利于科学选拔人才、促进学生健康发

展、维护社会公平的原则"。2014年，《国务院关于深化考试招生制度改革的实施意见》提出，改革要"从有利于促进学生健康发展、科学选拔各类人才和维护社会公平出发"。这里面有一个变化，即将学生健康发展放在了第一位。

进行体育评价改革是落实综合素质评价改革的需要。从2002年起，运动与健康成为综合素质评价中的一个重要维度。《教育部关于积极推进中小学评价与考试制度改革的通知》要求，在评价方式上，"不仅要注重结果，更要注重发展和变化过程。要把形成性评价与终结性评价结合起来，使发展变化的过程成为评价的组成部分"。形成性评价要求对学生平时体育活动参与情况和体质变化进行客观记录。

2014年颁布的《教育部关于加强和改进普通高中学生综合素质评价的意见》对评价内容有更明确的要求。对身心健康的评价"主要考察学生的健康生活方式、体育锻炼习惯、身体机能、运动技能和心理素质等。重点是《国家学生体质健康标准》测试主要结果，体育运动特长项目，参加体育运动的效果，应对困难和挫折的表现等"。

2016年印发的《国务院办公厅关于强化学校体育促进学生身心健康全面发展的意见》在体育评价内容方面的表述与2014年颁布的文件类似，包括"学生参加体育活动情况、学生体质健康状况和运动技能等级"。

这三个文件对体育评价改革指出的基本方向是，将体育评价纳入综合素质评价，在评价内容方面，至少包含平时体育活动参与情况、学生体质健康状况、运动技能三个方面。

将达到国家学生体质健康标准要求作为教育教学考核的重要内容

一、政策沿革

2014年4月，教育部颁布了《学生体质健康监测评价办法》，对学生体质健康监测结果的使用做出了规定，将体质健康测试情况与中小学综合评价和高等学校的毕业考核联系起来。在小学阶段，"体质健康测试情况列入学生成长记录或素质报告书"；初中阶段以上，要"列入学生档案，作为学生综合素质评价和学业水平考试的重要指标和内容"；在大学阶段，体质健康测试情况是"高等学校学生评优评先、毕业考核或者升学的重要依据"。在这个文件中，体质健康测试情况与毕业考核有关联仅限于大学阶段。

2014年7月，《国家学生体质健康标准

（2014年修订）》规定，"普通高中、中等职业学校和普通高等学校学生毕业时，《标准》测试的成绩达不到50分者按结业或肄业处理"。这个文件将毕业证与体质健康的关联从大学阶段扩展到高中阶段；同时，对于毕业标准也有了更明确的规定，要求测试成绩达到50分以上者才能毕业，否则按照结业或肄业处理。

2019年10月，《教育部关于深化本科教育教学改革全面提高人才培养质量的意见》明确指出，"加强学生体育课程考核，不能达到《国家学生体质健康标准》合格要求者不能毕业"。

2019年6月，《中共中央　国务院关于深化教育教学改革全面提高义务教育质量的意见》对义务教育阶段的体育评价提出了新的要求，"除体育免修学生外，未达体质健康合格标准的，不得发放毕业证书"。

同时，现有政策也对参与体质监测的特殊情况做出了规定。《国家学生体质健康标准（2014年修订）》明确指出，"学生因病或残疾可向学校提交暂缓或免予执行《标准》的申请，经医疗单位证明，体育教学部门核准，可暂缓或免予执行《标准》，并填写《免予执行〈国家学生体质健康标准〉申请表》""存入学生档案。确实丧失运动能力、被免予执行《标准》的残疾学生，仍可参加评优与评奖，毕业时《标准》成绩需注明免测"。

二、进一步改进的建议

《总体方案》指出，将达到国家学生体质健康标准要求作为教育教学考核的重要内容。"标准"这个词并不明确。《国家学生体质健康标准（2014年修订）》对体重指数规定了评分标准，肥胖对应60分，正常对应100分；对肺活量和其他体育技能测试指标给出了百分制评分标准，并划定60分是及格线，80分是良好线，90分是优秀线。因此，此处"标准"这个词是指个人体质健康与分数的对应关系，每个学生都可以在这个标准内获得一个对应的得分。没有未达"标准"的情况，只有得多少分、是否及格的情况。在《国家学生体质健康标准（2014年修订）》中，对毕业的要求是学生达50分以上，这是明确的说法。在《教育部关于深化本科教育教学改革全面提高人才培养质量的意见》中，毕业者要"达到《国家学生体质健康标准》合格要求"。建议在措辞上采用上述文件的提法。

中小学校要客观记录学生日常体育参与情况和体质健康监测结果

对日常体育参与情况、体质监测结果进行记录是中小学落实综合素质评价、《国家学生体质健康标准（2014年修订）》等相关规定的需要。

此条政策的要点，一是要客观记录，二是要记录日常体育参与情况，三是要定期向家长反馈。

关于"客观"记录。《教育部关于加强和改进普通高中学生综合素质评价的意见》要求包括身心健康评价在内的综合素质评价要"写实记录"，教师要指导学生"客观记录在成长过程中集中反映综合素质主要内容的具体活动，收集相关事实材料，及时填写活动记录单"。是否能够做到"客观"记录，首先取决于记录的用途。是否与升学挂钩？是否与各种奖励挂钩？对部分城市中考体育情况进行调查后发现，不少城市选择了将学生的平时体育成绩和一次性测试成绩相加作为其中考体育成绩。在这种关乎学生升学机会的重要关头,学校都会偏向自己的学生,平时体育成绩给分都很高,没什么区分度。如果现实层面基本不可能实现,那么政策也就失去了意义。对体育日常参与情况的记录唯有用于改进体育教学,用于分析部分学生体育偏弱的成因,才可能做到客观。

关于"日常"记录。《教育部关于加强和改进普通高中学生综合素质评价的意见》指出:"学校要建立健全学生成长记录规章制度,明确本校综合素质评价的具体要求。要注重在日常教育教学活动中,指导学生及时收集整理有关材料,避免集中突击。"该文件对综合素质评价的过程也有明确要求。"写实记录"要求"一般性的活动不必记录",并且"活动记录、事实材料要真实、有据可查"。从这个文件看,形成性评价记录的重点是能够反映学生特点的活动,而不是一般性活动,以免千人一面,失去评价的作用。

要不要记录日常体育参与情况、由谁来记,应当因地制宜,由学校来决定。学生日常参与的体育活动内容十分丰富。2017年修订的《学校体育工作条例》规定,学校体育工作包括体育课教学、课外体育活动、课余体育训练和体育竞赛。不少学生也参与校外体育活动、培训和竞赛等。教师记录学生在体育课上的表现,有助于了解、分析学生体育素养的基本概况,针对体质监测偏弱的学生提出改进方案。对体育课以外的体育活动参与情况的记录,重任必将落在班主任身上,班主任可以指导学生记录。建议在体育课上,教师记录学生的体育活动参与情况;其他日常参与的体育活动是否要记录,由地方自主决定。

关于定期向家长反馈。我国已经建立起学生体质健康监测体系，定期将监测结果反馈给家长是可行的、必要的。目前，我国使用的标准是《国家学生体质健康标准（2014年修订）》，该标准从身体形态、身体机能和身体素质等方面综合评定学生的体质健康水平。《学生体质健康监测评价办法》要求实行全体学生测试制度，并且要在校内公布学生体质健康测试总体结果，"将有关情况向学生家长通报"。对于监测结果的应用，"小学将体质健康测试情况列入学生成长记录或素质报告书，初中以上学校列入学生档案，作为学生综合素质评价和学业水平考试的重要指标和内容。将体质健康测试情况作为高等学校学生评优评先、毕业考核或者升学的重要依据"。

改进中考体育测试内容、方式和计分办法

一、政策提出的背景

提出中考体育改革的初衷是加强学校体育教学，凸显体育在学生成长过程中的基础性作用。

一些对中考体育内容的研究发现，现存问题主要是测试内容相对单一，不利于引导学生根据兴趣和特长开展体育锻炼。就全国范围来看，体育中考测试项目选用率排在前四的项目均为传统项目：中长跑、立定跳远、掷实心球、1分钟跳绳。球类等技能型项目选用率不高，不过有提高的趋势。中考体育也无法摆脱"中考考什么，学校就教什么、练什么"的窠臼，这不利于激发学生的体育兴趣，养成终身体育锻炼的习惯。

目前，体育分值在中考总分中所占的比例基本在5%～10%。教育部体育卫生与艺术教育司

司长王登峰提出，在教育评价体系中，现阶段体育应有的地位、位置和分量都没有得到充分体现。他认为学校体育改革的动力来自评价体系的改革。除了建立针对地方政府、教育行政部门和学校校长的绩效考核评价制度外，还要调动学生和家长的积极性，让体育教学训练和竞赛在学生的成长和升学的关键环节上起到实质性作用。他提到了中考改革的目标：体育中考要逐年增加分值，达到跟语数外同分值的水平。

二、政策实施的风险点

本条文本从政策出发点看是好的，目的在于提高学校和家长对学生身体健康、运动习惯的重视程度。近年来，中考和高考改革比较多，学生和家长的很多焦虑情绪也是因此而起的。剧烈、频繁的中考政策变化会对学校、学生和家长造成巨大困扰，扰乱学校的教学秩序，增加学生和家长的负担。建议保持政策的相对稳定性，及时总结地方改革经验。

进行体育中考政策改革时还需要对以下问题进行综合考虑。

第一，政策的逻辑仍然是借助中考"指挥棒"，用改进测试的方式强化教学。改进体育测试内容、方式和计分办法，应该会提高学校和家长的重视程度，但本质上还是利用了应试教育的逻辑，有悖于改革的方向。以篮球为例。是不是只要考篮球，学生的篮球兴趣和技术就会提升？毕竟中考体育考场上不可能通过组织学生进行比赛给学生打分，篮球测试也只能选取众多篮球技能中的一两项进行。学生会不会只练习这一两项？提升青少年体育素养还得从供给侧改革入手。学校开设丰富的体育技能课程，社区配备方便、低价的体育运动设施，学校和其他机构开展各种层级的体育竞赛活动，让学生在日常的活动中感受到体育的魅力，爱上运动。

第二，体育设施不完善、师资力量不强的学校落实起来较困难。根据2020年全国教育事业发展统计公报，初中阶段，体育运动场（馆）面积不达标的学校占比5.15%，体育器械配备不达标的学校占比2.45%；小学阶段，这两个比例分别为7.96%和3.33%。乡村学校的体育设施达标率更低一些。即使体育设施、器材达标，学校也存在体育师资力量欠缺的问题。建议现阶段以体育设施和师资力量配备为主要抓手，开足开齐体育课，让学生能够在学校发展体育素质。待学校体育教学条件得到保障以后，再进行中考体育改革。

第三，学校体育运动风险问题没有解决，体育中考改革会进一步增加学生和家长的课外体育锻炼负担。校园体育运动风险一直是制约学生参加体育锻炼的因素。即使体育设施完善，很多学校也尽量避免危险性强、对抗性强的体育教学。目前，重点还是应该解决学校体育教学风险管理问题，强化学校体育教学，避免将提升运动水平的任务转移到校外，转嫁给学生个人。

加强大学生体育评价

一、政策提出的背景

此项政策意在加强高校学生体育运动，提升高校学生身体素质。

2011年，第六次全国学生体质与健康调研结果显示，19～22岁年龄组除坐位体前屈指标外，爆发力、力量、耐力等身体素质水平进一步下降，但与前一个五年相比（2000—2005年），下降幅度明显减小。2015年，第七次全国学生体质与健康调研结果显示，大学生身体素质继续呈现下降趋势。19～22岁年龄组的男生速度、爆发力、耐力等身体素质指标下降，女生身体素质指标有升有降。大学生体质弱，一方面在于高考前"拼命"，缺乏体育锻炼，体力严重透支；另一方面，大学生缺乏体育锻炼意识和习惯，而且锻炼时间严重不足，超80%的大学生每天体育锻炼时间不足1小时。2021年，第八次全国学生体质与健康调研结果显示，19～22岁年龄组学生体质健康达标率只上升了0.2个百分点。

高校体育课课程改革后也有一些新的问题。有专家认为，大学体育课程改革后的教学内容虽然丰富多彩，项目选择余地也很大，但过分强调学生的兴趣，缺乏必要的具有规定性和导向性的必选项目。非体育类普通高校对学校体育和学生体质只在运动会、体育节等特殊时期给予重视，或者仅发展学校优势体育项目，并未建立起提高所有学生体质健康水平的长效机制。

加强大学生体育评价，是提升大学生体质健康水平的手段。

二、政策提出的现实意义及待商榷之处

现有政策对普通高等学校本科阶段体育课的开设已经有了相关规定。2017年修订的《学校体育工作条例》规定，普通高等学校的一、二年级必须开设体育课，三年级以上开设体育选修课。因此，体育课程至少已经覆盖了普通高等学校本科阶段。三年级以上是否包含研究生阶段呢？如果没有包含，本政策文本提出的"探索在高等教育所有阶段开设体育课程"就是对现有政策的补充，有助于提高研究生的身体素质。

但政策仍有待商榷之处：接受非学历高等教育、远程教育等的学生是否适用于这条规定？根据《中华人民共和国高等教育法》，

高等教育包括学历教育和非学历教育；高等教育采用全日制和非全日制教育形式；我国实行高等教育自学考试制度。高等教育一词有着比普通高等学校教育更广泛的内涵。《学校体育工作条例》在附则中也提到，"技工学校、工读学校、特殊教育学校、成人学校的学校体育工作参照本条例执行"。但是，从可操作性上看，向接受非学历高等教育、远程教育等的学生开设体育课程有很大的难度。

改进美育评价

一、政策提出的背景

习近平总书记在全国教育大会上的讲话中指出，"坚持中国特色社会主义教育发展道路，坚持社会主义办学方向""培养德智体美劳全面发展的社会主义建设者和接班人，加快推进教育现代化、建设教育强国、办好人民满意的教育"；同时，对学校美育教育提出了具体要求，"要全面加强和改进学校美育，坚持以美育人、以文化人，提高学生审美和人文素养"。美育是审美教育，也是情操教育和心灵教育，不仅能提升人的审美素养，而且能潜移默化地影响人的情感、趣味、气质、胸襟，激励人的精神，温润人的心灵。美育与德育、智育、体育、劳动教育相辅相成、相互促进。在学校开展美育工作，能够引领学生树立正确的审美观念，陶冶高尚的道德情操，培育深厚的民族情感，激发想象力和创新意识，促进学生的全面发展和健康成长，让他们拥有开阔眼光和宽广胸怀，以更好地服务于民族复兴大业。

然而，落实学校美育工作的过程中仍存在一些问题，还不能完全满足广大学生的发展要求，还不能完全适应加快推进教育现代化的要求。这些问题突出表现在以下几方面。一是大部分地区美育课程开设充足，但存在被其他科目挤占课时、停上的现象；二是课程开设较丰富，但过于形式化，落实不到位，结合地域特色、学校特色的情况不多；三是师资力量基本配齐，但缺乏高质量、高素质人才从教。为了更好地提高学生的审美能力，全面提升学生感受美、表现美、鉴赏美、创造美的能力，学校美育工作要培养学生的艺术特长。只有培养学生的艺术特长，才能实现以美育人的目标。学生在培养艺术特长的过程中，经过不断的练习与实践，可以将艺术真正内化为他们的精神和道德修养；学生通过音乐、美术、书法、舞蹈、戏剧、戏曲、影视、手工制作等爱好、特长的展示，能够不断地增强自信，促进对国家文化的认同，从而增强"四个自信"。

二、政策实施的建议

各级各类政府、教育主管部门要加强对美育工作的统筹规划。一是确保各辖区学校开齐开足艺术课程，确保每个学校配备专职艺术类课程教师，定期开展美育教师培训工作，提高艺术课程教学质量。二是因地制宜，组织专家开发结合当地特色的艺术类课程，培育青少年学生文化认同和文化自信，激发学生的爱国之情。三是联合其他相关单位，定期开展以校为单位的集体性质的艺术类展示活动，确保每一位学生在小学、初中阶段参与艺术类展示活动，并将参与活动的情况纳入学业要求。

学校要结合学校特色、学生特点扎实推进美育工作。一是开发适合学生年龄特点的艺术类课程，培养学生1～2项艺术类兴趣爱好。二是将美育工作贯穿于学校各项活动中，加强美育与各学科的渗透与融合，为学生提供展示艺术特长的平台。三是推动学生美育学习过程性评价，建立学生美育学习成长记录袋，确保每一位学生在小学、初中阶段参加艺术类活动。

相关部门要加强美育教师队伍建设。一是各地教育部门在每年公开招聘新任教师时，划出一定比例用于补齐美育教师缺额，政府可以通过购买服务解决现阶段美育教师缺口问题。优化省内美育教师的城乡配置和教育学段间配置，通过政策激励等手段，鼓励中学美育教师、城市美育教师到小学、到乡村任教，切实解决乡村小学美育师资短缺问题。二是加强美育教师师资培训，优化美育教师继续教育培训，大力培养美育骨干教师，加强地域间美育教师的沟通交流。

探索将艺术类科目纳入中考改革试点

一、政策提出的背景

1999年6月，第三次全国教育工作会议将美育作为全面发展教育的一个重要组成部分提了出来，强调要培养"德育、智育、体育、美育等全面发展的社会主义事业建设者和接班人"。2018年9月，全国教育大会提出"培养德智体美劳全面发展的社会主义建设者和接班人""坚持把立德树人作为根本任务""要努力构建德智体美劳全面培养的教育体系，形成更高水平的人才培养体系"。关于美育工作，习近平总书记在给中央美术学院8位老教授的回信中做出了重要指示。美育是审美教育，也是情操教育和心灵教育，关系党的教育方针的全面落实。学校美育要以美育人、以文化人，全面提高学生的审美和人文素养。这就要求我们从落实立德树人根本任务、促进人的全面发展的高度，重视和加强学校美育。

二、政策提出的现实意义

长期以来，美育一直是学校教育中的薄弱环节，学校美育评价工作基本上仅限于对学生音乐、美术学科的考试。而由于音乐、美术不属于升学考试科目，考试大多属于学校自发行为，没有形成统一规范，也不做硬性要求。

2015年9月，《国务院办公厅关于全面加强和改进学校美育工作的意见》第二十条就"探索建立学校美育评价制度"提出了明确要求，推动美育评价改革取得突破性进展。与此同时，作为学校美育评价的一个重要方面，许多地方先行先试，积极进行将艺术类科目纳入中考的实践探索，取得了阶段性成果。

将艺术类科目纳入中考，是现阶段提高人们对学校美育重要性的认识，促使学校领导、教师、学生以及家长等对学校美育给予关注与重视，切实改变学校美育长期以来在学校教育中所处的薄弱地位，推进学校美育工作在新的历史起点上高质量发展的最好抓手和必然选择。将艺术类科目纳入中考不仅是检测与展现学校艺术教育教学成果的主要方式，也是激励学校开齐开足艺术课程、积极进行艺术教育教学改革、培养学生艺术学习兴趣与爱好、提升学生艺术审美素养的重要举措。

三、国内实践

目前，山西、江苏、山东、河南、湖南、云南等地已在探索推进将美育纳入中考改革，主要有三种形式。一是开展学生艺术素质测评，将测评结果计入中考总分，并纳入学生综合素质评价档案；二是开展初中学生艺术类科目学业水平考试，将考试成绩计入中考总分；三是将艺术类科目纳入中考科目，进行专门考试，将成绩计入中考总分。从内容方面看，将艺术类科目纳入中考科目主要有以下几种方式。一是只进行基础理论知识和艺术常识的考试，方式为卷面笔试，个别地方探索实施人机对话方式；二是只进行艺术技能现场展示，音乐以唱歌为主，美术以绘画为主；三是采用艺术技能现场展示与基础理论知识考试相结合的方式。在中考分值中，各地单科艺术类科目为10～30分。

四、政策实施的建议

第一，各地教育行政部门应根据各地实际情况，组织研究团队对将美育纳入中考改革进行专题研究。第二，鼓励有条件的地区进一步探索将艺术类科目纳入中考改革，积累典型经验和做法。第三，适时出台将美育纳入中考改革的指导性意见，推动各地进一步规范考试形式和内容，将艺术类科目成绩纳入中考计分。第四，进一步完善艺术类科目学业水平考试，加强对学生艺术审美素养的考查。

推动高校将公共艺术课程与艺术实践纳入人才培养方案，实行学分制管理

2018年，习近平总书记给中央美术学院8位老教授的回信中指出，美术教育是美育的重要组成部分，对塑造美好心灵具有重要作用。做好美育工作，要坚持立德树人，扎根时代生活，遵循美育特点，弘扬中华美育精神，让祖国青年一代身心都健康成长。在全国教育大会上，习近平总书记指出，"坚持中国特色社会主义教育发展道路，坚持社会主义办学方向""培养德智体美劳全面发展的社会主义建设者和接班人，加快推进教育现代化、建设教育强国、办好人民满意的教育"。

2019年4月，《教育部关于切实加强新时代高等学校美育工作的意见》提出："引领学生树立正确的审美观念、陶冶高尚的道德情操、塑造

美好心灵，切实改变高校美育的薄弱现状，遵循美育特点，弘扬中华美育精神，以美育人、以美化人、以美培元，培养德智体美劳全面发展的社会主义建设者和接班人。"

党的十八大以来，特别是随着《国务院办公厅关于全面加强和改进学校美育工作的意见》的印发，学校美育工作加速推进。一是以社会主义核心价值观为引领，大力传承和弘扬中华优秀传统文化。高雅艺术进校园、学生艺术展演、"传承的力量"等一系列品牌活动的影响力不断扩大，育人效果持续提升。二是美育政策制度体系不断完善，使所有在校学生都享有接受美育的机会，促进德智体美劳有机融合。但是，推进高校美育工作的过程中还存在着一些问题。比如，部分高校对美育类课程不够重视，课程内容不够丰富，高校艺术场馆建设普遍滞后，不能满足广大师生文化艺术生活的基本需求等。

因此，2019年4月发布的《教育部关于切实加强新时代高等学校美育工作的意见》要求"各高校要明确普及艺术教育管理机构，把公共艺术课程与艺术实践纳入高校人才培养方案，纳入学校教学计划，实行学分制管理，鼓励高校开展学生跨校选修公共艺术课程和学分互认。每位学生须修满学校规定的公共艺术课程学分方能毕业"。

为了更好地落实立德树人的根本任务，以大爱之心育莘莘学子，以大美之艺绘传世之作，各高校还应做好以下几方面的工作。

第一，转变育人观念，突出美育地位。高校要遵循美育的教育特点和学生的成长规律，将美育贯穿在学校教育的各方面，把培育和践行社会主义核心价值观融入学校美育工作的全过程，以美育人、以文化人，促进学生德智体美劳全面发展。

第二，落实美育工作保障机制。高校应将开展美育工作作为评价人才培养质量的重要标准，每年划拨专项经费保障美育工作的实施。

第三，建强美育师资队伍。高校要统筹校内师资，通过引育并举、专兼结合的方式，提升师资队伍整体水平；聘任具有研究与指导能力的师生、校友担任兼职教研员和美育导师。

第四，拓宽美育实践平台。学校应大力支持艺术团建设，每年开展全校艺术节活动；开展高雅艺术进校园、传统艺术进校园等结合地域、学校特色的实践活动。

第五，完善评价体系。把美育工作纳入教育现代化指标体系，纳入各级教育行政部门政绩考核指标和学校负责人业绩考核评价指标，纳入普通高校本科教学工作审核评估指标体系。

加强劳动教育评价

评价为达成学校劳动教育目标服务。依据评价的功能，评价可分为诊断性评价、形成性评价、终结性评价；依据评价的主体，可分为自我评价与他人评价；依据评价的方法，可分为量化评价与质性评价。采用何种评价方式，我们需要依据学校劳动教育内容、学校劳动教育目标、学生身心发展特点等确定，过程与结果并重。评价可以促使学生热爱劳动、喜欢劳动，并尊重劳动。在劳动中，学生可以享受劳动的快乐，养成良好的劳动习惯，促成自身的发展。

一、政策的具体内容

评价标准集中体现了评价活动依据的价值准则。依据青少年劳动教育的目标，评价劳动教育时，最基本的评价标准应该是青少年能自觉自愿、尽心尽力地做与心力相符的劳动之事。这个行为不是偶然的、被迫的、出于应付目的的，而应是自觉并尽力为之的。所谓自觉自愿、尽心尽力，可视为劳动热情的激发、劳动自觉程度的提升和劳动行为稳定一贯的体现。具体而言，劳动教育可从以下三方面进行评价。

（一）是否有助于青少年形成系统、自觉、自洽的劳动观念

有成效的劳动教育不但可以使青少年养成良好的劳动习惯，更重要的是形成正确的劳动观，使青少年在对劳动的认知上达到理性的高度，从而更理解教师和家长要求自己从小培养劳动习惯的价值所在。简言之，有了这样理性的认知，青少年对待劳动的态度和观念就会变得系统、自觉、自洽。

（二）是否能让青少年获得积极的劳动情感体验

不同年龄阶段的青少年，劳动的频率、行为水平和成果会有个体差异，即便处于同一年龄阶段，也可能存在差异；因此，不能简单地依据劳动频率的高低、劳动行为水平的高低、劳动成果的多少来评价劳动教育成效的大小，还要看个体是否愿意投入恰当的劳动活动中。

积极的情感体验有助于青少年对待劳动和劳动人民的态度的改善，有助于自身的劳动热情、主动性和自觉性的提升。青少年良好劳动习惯的养成，需要经历他律到自律的过程。有了自律，才有日后的习惯成自然。其中，积极、愉悦的劳动情感体验是行为持续发展的关键因素。

（三）是否突出适应青少年终身发展和社会发展需要的必备品行和关键能力的培养

这属于发展性的指标，主要反映的是青少年的纵向发展水平。劳动教育的终极目标是为青少年终身发展和人生幸福奠定基础，而不仅仅是满足生存的需要。因此，劳动教育还要培养他们未来成长与发展必备的品行和能力，如与人协作的精神、自力更生的精神、顽强的意志、创新能力等，为他们未来成为一个幸福的人打下良好的基础。

不过，不能对青少年提出超出他们年龄水平的劳动要求，否则就违背了教育目标，不利于青少年的健康成长。

二、政策实施的建议

如何克服评价的主观性，使劳动教育评价做到尽量客观、准确是需要进一步探讨的问题，这要求我们对评价的维度和标准进行审思。具体而言，需要做到以下四个"坚持"。

（一）坚持多主体评价

实施劳动教育的主体不仅仅是教师，家长和同伴的影响同样不能忽略。要想对青少年劳动教育有相对客观、准确的评价，应将相关的评价主体都考虑在内。评价的形式包括教师评价、家长评价、同伴之间互评以及青少年的自我评价。考虑到青少年还是未成年人，心智发展并不是特别成熟，准确、理性地评价他人以及自我评价的能力有待进一步提高，相比之下，作为成人的教师和家长在评价中更容易对其客观性有良好的把握；所以，虽然坚持多主体结合的评价方式，但中小学，特别是低年级阶段，还应以教师和家长的评价为主。

（二）坚持全方位评价

要将外在行为与内在体验相结合。现有的评价方式忽略了青少年自身的主观能动性。青少年正向劳动观的形成和劳动习惯的养成，需要学校、家长、社会的教育引导，而青少年发挥主观能动性将劳动教育内化才是关键环节。从他律到自律的转换过程中，青少年主观能动性、自主性、创造性等内在动力的发挥起到了决定作用。因此，评价青少年劳动教育时，不能仅仅看外在劳动成果的多少，更重要的是关注青少年在劳动中是否有积极的情感体验，是否能负责任地进行劳动，劳动热情是否被激发，是否具备劳动的自觉性，等等。

（三）坚持质性评价与量化评价相结合

在劳动教育评价中，如果简单地用量化评价的方式进行，就并不能准确地体现出青少年在劳动教育中的收获与成长。但是，这不影响将量化评价作为对质性评价的必要补充，因为质性评价具有一定的笼统性和模糊性，容易得出千篇一律的结论。坚持将质性评价作为基础、量化评价作为补充，二者结合起来进行劳动教育评价，能够使评价具有更高的参考价值。学校要建立学生劳动评价制度，可以采用"劳动记录"的方式，让教师、家长和学生自身都能够清楚地看到学生不断进步的过程。自学生进入小学，学校就可以开始对其劳动教育的情况进行记录，并一直延续到初中甚至高中，为学生建立一体化的劳动情况档案。这种记录不仅有助于学生对自身劳动情况的把握，也有助于劳动教育评价的开展。至于劳动记录的具体操作方式，我们可以根据青少年不同阶段的发展特点，有所侧重地使用不同的方式。

（四）坚持静态评价与动态评价相结合

静态评价评价的是暂时稳定状态，动态评价要以静态评价为基础和依据。对教育成效的把握既要有即时的静态评价，也不能缺少动态评价。要把当下青少年的劳动观、劳动行为放在青少年思想发展变化的过程中去考查，了解前后变化以及未来发展的趋势，这样相对来说更能对教育成效做出客观、准确的评价。

总之，在劳动教育评价中，要坚持多主体评价，坚持全方位评价，坚持质性评价与量化评价相结合，坚持静态评价与动态评价相结合，以确保评价结果更客观、公正、准确。

实施大中小学劳动教育指导纲要

　　劳动教育在培养人才的过程中具有不可替代的作用。2018年全国教育大会上，习近平总书记在讲话中强调："要在学生中弘扬劳动精神，教育引导学生崇尚劳动、尊重劳动，懂得劳动最光荣、劳动最崇高、劳动最伟大、劳动最美丽的道理，长大后能够辛勤劳动、诚实劳动、创造性劳动。"当前，实施大中小学劳动教育指导纲要，在各学段开展劳动教育，不仅顺应时代发展需要，也基于学生身心健康发展需要，对培养德智体美劳全面发展的社会主义建设者和接班人，构建五育并举、全面发展的育人体系具有重要意义。

一、政策提出的背景

第一，从党和国家层面来说，实施劳动教育指导纲要是全面落实党的教育方针、落实立德树人根本任务的重要诉求。教育是党之大计、国之大计，党的教育方针明确要求，坚持教育与生产劳动和社会实践相结合。劳动教育要培养学生形成正确的世界观、人生观、价值观，让学生了解人类生产发展的历史、劳动人民创造世界的历史，从小树立起辛勤劳动、诚实劳动、创造性劳动的正确观念，懂得劳动是公民的基本义务和权利，培养热爱劳动和劳动人民的情感，培养社会责任感，养成良好的劳动习惯，形成良好的劳动品质。

第二，从社会和民族发展层面来说，实施劳动教育指导纲要是培养全面发展的社会主义建设者和接班人的重要诉求。21世纪，我国要想建设成为教育强国、科技强国、制造强国、航天强国、网络强国、交通强国、智慧社会，必须培养出数以亿计的高素质劳动者，培养知识型、技能型、创新型的劳动者大军，培养德智体美劳全面发展的能够担当民族复兴大任的时代新人。

第三，从家庭和学生个人层面来说，实施劳动教育指导纲要是家庭、学校和学生个人的重要诉求。恩格斯说，劳动创造了人本身。劳动也会创造人类的未来。学生的生活自理能力、动手动脑能力、生存能力以及职业技能都与未来的生活、工作密切相关。家庭教育是人才培养的起点，家务劳动是日常人才培养的重要途径。家庭、学校和社会携手推进劳动教育，是全面提升学生综合实践能力、解决问题的能力，培养学生创新精神的重要途径。

面向新时代，全社会都在重新认识劳动教育的价值和内涵。相对于农业时代和工业时代，信息化时代科学技术的飞速发展已经极大地改变了当今人们的生活方式和学习方式。培养德智体美劳全面发展的社会主义建设者和接班人是新时代我国加快推进教育现代化、建设教育强国的总要求。将劳动教育提升到与德育、智育、体育、美育四育并举的地位，将其独立为教育体系之专门一领域，既是对劳动教育本身的有效加强，也是对德育、智育、体育、美育四育的有力支撑。所以，我们需要以劳动教育指导纲要为抓手，以一种全新的视角和标准来规范劳动教育。

二、政策的基本内涵

（一）明确了新时代劳动教育的目标要求

新时代需要不断深化和拓展劳动教育的内涵。随着知识经济时代与人工智能时代的到来，劳动教育已不能简单停留于让学生进行生产劳动、体力劳动。我们要把体力劳动与脑力劳动、群体劳动与个体劳动、简单劳动与复杂劳动、创造性劳动与重复劳动、有偿劳动与公益劳动、生产领域的劳动与非生产领域的劳动、学校劳动与家庭劳动及社会劳动等，都纳入劳动的范畴和内涵。

新时代是创新发展的时代，新时代的劳动要在辛勤劳动、诚实劳动的基础上更加强调创造性劳动。辛勤劳动是诚实劳动、创造性劳动的前提和基础；诚实劳动既是辛勤劳动的表现，也是创造性劳动的前提；创造性劳动既是辛勤劳动、诚实劳动的发展，也是劳动的核心和本质要求。习近平总书记强调新时代的劳动者"不仅要有力量，还要有智慧、有技术，能发明、会创新"。这充分体现了当今时代对创造性劳动的高度重视。

（二）明确了新时代劳动教育的内容要求

第一，明确了富有时代性和创造性的横向劳动教育体系。以学校劳动教育为支点，发挥家庭劳动的基础作用，扣好日常劳动教育的第一粒扣子，开拓劳动教育的社会大课堂，形成家庭、学校、社会协作育人的横向劳动教育体系。

第二，明确了大中小学相互衔接的纵向劳动教育体系。遵循教育规律，培育不同学段学生的劳动素养，形成初等、中等、高等教育一体化的劳动教育体系。为此，国家印发了《大中小学劳动教育指导纲要（试行）》，明确了不同学段劳动教育的要求。

第三，在学校维度上，明确了构建劳动教育课程体系的标准。学校层面涉及学校课程结构，涉及劳动教育相关课程与各学科、与综合实践活动课程、与相近课程、与相关学生活动等的整合。此外，劳动教育课程的形态不同于通常学科，日常性、实践性是其鲜明特质，生活化、社会化是其主要形式。所以，劳动教育课程体系的构建还要注意校内外即学校、家庭与社会的有效衔接与融合。

三、政策实施的建议

第一，建立统筹协调机制。劳动教育不能仅局限于学校之内，它涉及家庭、学校、社会等多种场所。所以，要加强校内外的统筹协调，积极借助家庭、社会的力量，共同推进劳动教育的实施。特别是积极争取社会支持，加强社会资源的统筹利用。

第二，健全师资保障机制。积极探索建立专兼职结合的劳动教育教师队伍，广开渠道，聘请社会各界的能工巧匠、专业技术人员担任兼职教师。加强对劳动教育教师的专业培训，配备专兼职教研员，组织经常性的教研活动，促进劳动教育教师专业化，不断提高劳动教育教学质量。

第三，完善督导评价机制。各级教育督导部门要开展劳动教育督导，将学校劳动教育实施情况纳入中小学校责任督学挂牌督导内容。学校要建立学生劳动评价制度，评价内容包括参加劳动次数、劳动态度、实际操作、劳动成果等方面，将参与劳动教育课程学习和实践情况纳入学生综合素质档案。

完善各级各类学校学生学业要求，严把出口关

一、政策提出的现实意义

毕业是指学生在学校学习期满，达到规定要求，结束学习。毕业标准是对人才培养的质量和效果的根本要求。严格各级各类学校学生毕业标准是保证教育质量的重要手段。

我们要培养有什么能力的人，需从毕业标准上加以要求。要引导学生读"国情"书、"基层"书、"群众"书，读优秀传统文化经典、马列经典、中外传世经典和专业经典。要通过读书学习，让学生更好地认识世界、了解国情民情，掌握事物发展规律，通晓天下道理，学会理性思考；让学生更好地掌握专业知识，面向实际、深入实践，以知促行、以行求知，脚踏实地、苦干实干。

我们要达到什么样的教育效果，也要从毕业标准上加以明确。要以学生为中心办教育，以学生的学习结果为中心评价教育，以学生学到了什么、学会了什么评判教育的成效，要按照习近平总书记指出的，引导学生求真学问、练真本领，成为有理想、有学问、有才干的实干家，更好地为国为民服务。

二、厘清学业标准与毕业标准的内涵

雷新勇提出，各国推进教育改革中，特别注重标准的制定。[①]这里的标准通常包括三种类型：内容标准、课程标准和表现标准。其中，表现标准又称学业标准。学业标准描述的是学生学到多好才算好，即它定性地描述期望学生达到的学业水平。比如，美国很多州的学业标准将学生的学业分为四个水平：高级水平（advanced）、熟练水平（proficient）、准熟练水平（near proficient）和初级水平（novice）。英国用学业目标（attainment target）代替学业标准，将整个基础阶段的学业目标分为8+1级。其中，8级为水平1（Level 1）到水平8（Level 8）；在8级以上设置了一个优异等级（exceptional performance）。2015年，北京市教育科学研究院评价中心提出，学业标准作为教育质量标准体系的有机组成部分，是依据国家义务教育学科课程标准，在常规的教育教学环境下，对义务教育阶段学生

---

① 雷新勇：《学业标准——基于标准的教育改革必须补上的一环》，载《上海教育科研》，2009（6）。

所应达到的学习结果的描述。

对学业标准的研究和教学改革，美国、英国、澳大利亚等发达国家已有三十余年历史，形成了较为完善的评价指标体系，并将其作为教学改革的核心环节，指导整个教育系统的改革。纵观国内的教育改革和研究，教育质量标准体系中学业标准的研制相对滞后，目前我国的教育质量标准主要体现为课程标准。

可见，我们需明确"学业标准"的含义，它与"毕业标准"是不同的。

三、各级各类学校现有毕业政策

对义务教育阶段的学生来说，完成义务教育且在上学地有正式学籍的在册应届学生，小学毕业不统一发放毕业证书，初中毕业统一发放九年义务教育毕业证书。2019年6月，《中共中央 国务院关于深化教育教学改革全面提高义务教育质量的意见》提出，"强化体育锻炼……严格执行学生体质健康合格标准，健全国家监测制度。除体育免修学生外，未达体质健康合格标准的，不得发放毕业证书"，明确将体质健康作为义务教育阶段的毕业要求。

对高中阶段的学生来说，各地有统一会考，学生通过统一会考后即可领取高中毕业证。从2004年起，一些省份相继进行改革，普通高中学业水平考试应运而生。普通高中学业水平考试分为合格性考试和选择性考试两类。学业水平考试成绩合格，成为普通高中学生毕业以及高中同等学力认定的主要依据。

对职业学校的学生来说，2016年4月，教育部等五部门印发的《职业学校学生实习管理规定》明确指出，"职业学校要建立以育人为目标的实习考核评价制度，学生跟岗实习和顶岗实习，职业学校要会同实习单位根据学生实习岗位职责要求制订具体考核方式和标准，实施考核工作""跟岗实习和顶岗实习的考核结果应当记入实习学生学业成绩，考核结果分优秀、良好、合格和不合格四个等次，考核合格以上等次的学生获得学分，并纳入学籍档案。实习考核不合格者，不予毕业"。该政策明确了职业学校学生必须实习考核合格，才能够毕业。

对本科阶段的学生来说，2018年8月，《教育部关于狠抓新时代全国高等学校本科教育工作会议精神落实的通知》提出，"要切实加强学习过程考核，加大过程考核成绩在课程总成绩中的比重，严格考试纪律、严把毕业出口关，坚决取消'清考'制度""要严格实行论文查重和抽检制度，建立健全盲审制度，严肃处理抄袭、伪造、篡改、代写、买卖毕业论文等违纪问题，确保本科毕业生论文（设计）质量"；2019年10月，《教育部关于深化本科教育教学改革全面提高人才培养质量的意见》提出，"加强考试管理，严肃考试纪律，坚决取消毕业前补考等'清考'行为"。两个文件都对本科毕业提出了明确要求，取消"清考"，严把本科毕业出口关。

对研究生阶段的学生来说，2019年3月，《教育部办公厅关于进一步规范和加强研究生培养管理的通知》提出，"培养单位要突出学术诚信审核把关，加大对学术不端、学位论文作假行为的查处力度，举一反三，防范在前，层层压实责任，强化日常监督。对学术不端行为坚决露头即查、一查到底、有责必究、绝不姑息，实现'零容忍'，依法依规从快从严查处""省级学位委员会和省级教育行政部门要切实加大对本地区研究生教育质量的监管力度，做好学位授权点合格评估等研究生教育质量监督工作，加大专项检查、抽查、盲评等质量监督力度，对在本地区研究生教育领域的问题要早调查、早发现、早整改，坚决查处违规违纪和师德失范行为"。该政策明确了对研究生教育质量的要求和对监督力度的要求。

四、政策实施的建议

基础教育阶段不是在单纯地开展升学教育，而是以培养学生的综合素质为目标，按照《中共中央　国务院关于深化教育教学改革全面提高义务教育质量的意见》和《国务院办公厅关于新时代推进普通高中育人方式改革的指导意见》的要求，落实立德树人根本任务，着力在坚定理想信念、厚植爱国主义情怀、加强品德修养、增长知识见识、培养奋斗精神、增强综合素质上下功夫，培养德智体美劳全面发展的社会主义建设者和接班人。

职业教育阶段要以"健全德技并修、工学结合的育人机制"，努力培养数以亿计的高素质劳动者和技术技能人才为目标。要落实立德树人根本任务，深化专业、课程、教材改革，提升实习实训水平，努力实现职业技能和职业精神培养高度融合。要建立职业教育质量评价体系，严把教学标准和毕业学生质量标准两个关口，狠抓制度、标准、规范落实。

本科教育阶段要坚持立德树人，强调"效果实起来"。高校要切实加强学风建设，教育引导学生爱国、励志、求真、力行。要提升学业挑战度，强化人才培养方案、教学过程和教学考核等方面的质量要求，科学合理设置学分总量和课程数量，增加学生投入学习的时间，提高自主学习时间比例，引导学生多读书、深思考、善提问、勤实践。完善过程性考核与结果性考核有机结合的学业考评制度，综合应用笔试、口试、非标准答案考试等多种形式，科学确定课堂问答、学术论文、调研报告、作业测评、阶段性测试等过程考核比重。科学合理制定本科毕业设计（论文）要求，严格全过程管理，严肃处理各类学术不端行为。落实学士学位管理办法，健全学士学位管理制度，严格学士学位标准和授权管理，严把学位授予关。

研究生教育阶段要促进规范管理，提高培养质量。培养单位要切实加强研究生思想政治教育，促进研究生德智体美劳全面发展。加强培养过程管理和学业考核，确保培养方案的严格执行。落实以教学督导为主、研究生评教为辅的研究生课程教学评价监督机制，对研究生教学活动全过程和教学效果进行监督。加强学术规范和学术道德教育，把论文写作指导课程作为必修课纳入研究生培养环节。重点抓住学位论文开题、中期考核、评阅、答辩、学位评定等关键环节，严格执行学位授予全方位全流程管理，进一步强化研究生导师、学位论文答辩委员会和学位评定委员会责任。对不适合继续攻读学位的研究生要落实及早分流，加大分流力度。

完善博士、硕士学位论文抽检工作

《总体方案》提出，"探索学士学位论文（毕业设计）抽检试点工作，完善博士、硕士学位论文抽检工作，严肃处理各类学术不端行为"。

一、政策提出的背景

为完善研究生培养质量的保障机制，充分发挥导师在研究生培养过程中的主导作用，强化培养单位的质量意识和导师的责任意识，确保学位授予质量，开展博士、硕士学位论文抽检工作很有必要。将其作为评价的重要手段，对培养单位提高学位授予质量发挥了重要作用。同时，探索将此做法逐步延伸到本科教学中，对学士学位论文（毕业设计）进行抽检，可以提高本科教育阶段的人才培养质量。

二、政策的操作要点

一是学位论文抽检专家评议意见以适当方式公开。

二是对连续2年均有"存在问题学位论文"，且比例较高或篇数较多的学位授予单位，进行质量约谈。

三是在学位授权点合格评估中，将学位论文抽检结果作为重要指标，对"存在问题学位论文"比例较高或篇数较多的学位授权点，依据有关程序，责令限期整改。经整改仍无法达到要求者，视为不能保证所授学位的学术水平，将撤销学位授权。

三、政策实施的建议

博士学位论文抽检由国务院学位委员会办公室组织实施，硕士学位论文抽检由各省级学位委员会组织实施；其中，军队系统学位论文抽检由中国人民解放军学位委员会组织实施。

学位论文抽检每年进行一次，抽检范围为上一学年度授予博士、硕士学位的论文，博士学位论文的抽检比例为10%左右，硕士学位论文的抽检比例为5%左右。

博士学位论文抽检从国家图书馆直接调取学位论文。硕士学位论文的抽取方式，由各省级学位委员会和中国人民解放军学位委员会自行确定。

按照学术学位和专业学位分别制定博士学位论文评议要素和硕士学位论文评议要素。

每篇抽检的学位论文送3位同行专家进行评议，专家按照不同学位类型的要求对论文提出评议意见。

3位专家中有2位以上（含2位）专家评议意见为"不合格"的学位论文，将认定为"存在问题学位论文"。

3位专家中有1位专家评议意见为"不合格"的学位论文，将再送2位同行专家进行复评。2位复评专家中有1位以上（含1位）专家评议意见为"不合格"的学位论文，将认定为"存在问题学位论文"。

按"存在问题学位论文"的博士、硕士学位论文篇数减扣该培养单位同等数额的全日制博士、硕士学位研究生招生名额，责令相应学科限期整改。

学位授予单位应将学位论文抽检专家评议意见，作为本单位导师招生资格确定、研究生教育资源配置的重要依据。

深化考试内容改革

《总体方案》提出，"稳步推进中高考改革，构建引导学生德智体美劳全面发展的考试内容体系"。中考命题依据义务教育课程标准和高中阶段育人目标，高考命题依据高中课程标准和高校人才选拔要求，更好地引导中小学实施素质教育。

一、政策提出的现实意义和政策沿革

考试内容要体现国家意志和育人目标导向，考试内容改革要强化价值引领和育人导向。考试招生制度对人才培养和教育教学具有评价、监测、筛选和指导作用，需要通过考试内容来产生直接影响和导向作用。

2014年9月，《国务院关于深化考试招生制度改革的实施意见》强调，要深化高考考试内容改革，深入推进素质教育，培养德智体美全面发展的社会主义建设者和接班人。2014年3月，《教育部关于全面深化课程改革落实立德树人根本任务的意见》提出，加强考试招生和评价的育人导向，加快推进考试招生制度改革，注重综合考查学生发展情况，引导学校实施素质教育，科学选拔人才。2019年，《国务院办公厅关于新时代推进普通高中育人方式改革的指导意见》强调，优化考试内容，突出立德树人导向，重点考查学生运用所学知识分析问题和解决问题的能力。深化考试内容改革，必须紧紧围绕培养什么样的人、如何培养人以及为谁培养人这一根本问题，使中考和高考成为落实立德树人根本任务的重要途径和载体，构建引导学生德智体美劳全面发展的考试内容体系，特别是要加强和改进对德育、体育、美育和劳动教育的考查与引导。

二、政策的操作要点

考试内容改革的首要任务是贯彻新时代党的教育方针，落实立德树人根本任务，坚持为人民服务、为中国共产党治国理政服务、为巩固和发展中国特色社会主义服务、为改革开放和社会主义现代化服务；同时，考试内容改革还应遵循教育教学和人才成长规律，依据和结合高校（高中阶段学校）人才选拔要求、高中（初中）课程标准、测评理论与技术等，在考查智育方面知识和能力的同时，科学有效地把德育、体育、美育和劳动教育等方面的价值观融入考试内容中，引导基础教育教学破除唯智、唯分数、唯升学的不良导向，夯实学生全面发展的基础。

（一）深化对德育内容的考查

习近平总书记指出，"国无德不兴，人无德不立"。这一论断深刻揭示了德育在人的全面发展中的特殊地位。因此，必须坚持德育为先，把促进人的德行成长作为教育考试评价的首要任务。把立德树人根本任务落实到中考和高考中，重点考核学生本人的现实表现和学校德育工作的开展情况。一是初中和高中学校要完善学生综合素质评价体系，明确和细化思想品德要素考核内容，主要考查学生在爱党爱国、理想信念、诚实守信、仁爱友善、责任义务、遵纪守法等方面的表现，对考生的政治态度、思想品德做出全面鉴定，并对其真实性负责。比如，《2019年普通高等学校招生工作规定》明确考生有下列情形之一且未能提供对错误的认识及改正错误的现实表现等证明材料的，应认定为思想政治品德考核不合格：①有反对宪法所确定的基本原则的言行或参加邪教组织，情节严重的；②触犯刑法、治安管理处罚法，受到刑事处罚或治安管理处罚且情节严重、性质恶劣的。二是根据考试科目的内容和特点，将理想信念、爱国主义情怀、品德修养、知识见识、奋斗精神、综合素质等方面的要求有机融入考试试题中；通过试题素材的呈现和设问，引导学生培育和践行社会主义核心价值观，弘扬中华优秀传统文化、革命文化和社会主义先进文化，树立正确的历史观、民族观、国家观、文化观，坚定中国特色社会主义道路自信、理论自信、制度自信、文化自信。

（二）加强对体育、美育、劳动教育内容的考查

体育、美育、劳动教育作为促进学生全面发展的重要组成部分，其内容反映教育规律、体现时代精神、富有时代气息、代表时代方向，中考和高考内容改革要将其纳入考查体系。

2014年1月，《教育部关于推进学校艺术教育发展的若干意见》提出，建立中小学学生艺术素质评价制度，将"艺术素质测评纳入学生综合素质评价体系以及教育现代化和教育质量评估体系，并将测评结果记入学生成长档案，作为综合评价学生发展状况的内容之一，以及学生中考和高考录取的参考依据"。

2015年7月，《教育部　共青团中央　全国少工委关于加强中小学劳动教育的意见》提出，"学校要建立学生劳动评价制度，评价内容包括参加劳动次数、劳动态度、实际操作、劳动成果等方面，具体劳动情况和相关事实材料记入学生综合素质档案，并作为升学、评优的重要参考"。

2016年4月，《国务院办公厅关于强化学校体育促进学生身心健康全面发展的意见》规定，"中小学要把学生参加体育活动情况、学生体质健康状况和运动技能等级纳入初中、高中学业水平考试，纳入学生综合素质评价体系。各地要根据实际，科学确定初中毕业升学体育考试分值或等第要求。实施高考综合改革试点的省（区、市），在高校招生录取时，把学生体育情况作为综合素质评价的重要内容"。

2016年9月，《教育部关于进一步推进高中阶段学校考试招生制

度改革的指导意见》明确指出，综合改革试点地区"要将体育科目纳入录取计分科目，科学确定考试分值或等级要求，引导学生加强体育锻炼"。

2019年4月，《2019年普通高等学校招生工作规定》明确要求"报考高校的所有考生均须参加身体健康状况检查，如实填写本人的既往病史"，同时提出"高校在《普通高等学校招生体检工作指导意见》等有关要求的基础上，可根据本校的办学条件和专业培养要求，提出对考生身体健康状况的补充要求。补充要求必须合法、合理，有详细的说明和解释，并在招生章程中向社会公布"。《教育部关于做好2019年普通高校招生工作的通知》提出，"探索在高校组织的考核中增设体育测试。有关高校要在保送生、自主招生和高职院校分类招考等类型的学校考核中，积极增设体育测试，测试项目由高校自定，测试成绩作为录取的重要参考，引导考生更加重视体育锻炼"。此外，各学科考试要根据全面贯彻德智体美劳全面发展教育方针的要求，根据初中和高中教学要求和纸笔考试的特点，系统设计考查方式，明确考查目标、考查重点、呈现形式，通过优化试卷结构和题型，把健康观念和意识、审美能力和修养、劳动精神和实践等方面的内容纳入考查范围，引导基础教育把强身健体、崇尚劳动、涵养人文和审美意识融入学生发展中，促进学生综合素养的全面提升。

（三）中考命题依据义务教育课程标准和高中阶段育人目标

目前，高中阶段教育在我国属于非义务教育。由于高中阶段是学生个性形成、自主发展的关键时期，为满足经济社会发展需要和不同潜质学生的发展需要，我们必须推动高中阶段教育多样化发展。实施普通教育的普通高中和实施职业技术教育的中等职业学校作为两种基本类型，是我国人才分流培养的主要载体。此外，我们还需要建立体现学校办学定位、特色与专业培养诉求的人才选拔标准。《教育部关于进一步推进高中阶段学校考试招生制度改革的指导意见》要求，推行初中学业水平考试。初中学业水平考试主要衡量学生达到国家规定学习要求的程度，考试成绩是学生毕业和升学的基本依据。已经实行初中毕业、高中招生"两考合一"的地区要统一规范为初中学业水平考试，把《义务教育课程设置实验方案》所设定的全部科目纳入初中学业水平考试的范围，引导学生认真学习每门课程，确保初中教育的基本质量。

（四）高考命题依据高中课程标准和高校人才选拔要求

我国高等教育向大众化、普及化过渡，最显著的特征是高等教育的多样化，包括高等学校类型、办学层次、办学形式、办学主体和服务面向的多样化，以及人才培养规格与培养模式的多样化。多样化的高等教育需要建立服务于高校多样化选择学生的多元评价体系。高考综合改革方案要求学业水平选择性考试与高等学校招生全国统一考试命题要以普通高中课程标准和高校人才选拔要求为依据，注重学科知识的联系，注重必修与选修的融合，主要考查考生是否具备进入普通本科高校学习必需的能力，从高中课程中科学选择接受高等教育需要的、通过高中课程学习必备的、考试环境能够进行考查的内容及关键能力。同时，高校要根据自身办学定位和专业培养目标，研究提出对考生高中学业水平考试科目报考要求和综合素质评价使用办法。高校分专业确定高中生选考科目的依据是高中生进入大学学习相关专业必须具备的高中相关学科知识基础。要增强高考与高中学习和高校人才培养的关联度，科学设计命题内容，着力体现和增强基础性、综合性、应用性和创新性，更好地引导中小学实施素质教育。

三、政策实施的可行性与风险点

目前，一些地区已将体育考试纳入中考并计入中考总成绩，在引导学生加强体育锻炼方面发挥了一定作用。但由于考试项目相对单一和统一，相关部门要防止体育考试变相成为学生升学的"门槛"和"障碍"，不能让体育教师为了测试而教，也不能让学生为了测试而学。构建引导学生德智体美劳全面发展的考试内容体系，关键是破除招生录取"唯分数论"，破除"分数面前人人平等"的观念，规范和完善学生综合素质评价，使其在招生录取中起到实质性的作用。此外，构建多元化评价体系时，分数使用不当的问题需要引起足够的重视。比如，一些地区把高考分数、学业水平考试等级分数、综合素质评价换算成分数求总分的做法同样存在严重的弊端，不利于科学地选拔人才和学生的健康成长。

深化考试形式改革

《总体方案》提出，"改变相对固化的试题形式，增强试题开放性，减少死记硬背和'机械刷题'现象"。

一、政策沿革

设计考试形式是实现考试目的的手段，服务于考试性质和考试内容的要求。

2016年，《教育部关于进一步推进高中阶段学校考试招生制度改革的指导意见》要求，"依据义务教育课程标准确定初中学业水平考试内容，提高命题质量，减少单纯记忆、机械训练性质的内容，增强与学生生活、社会实际的联系，注重考查学生综合运用所学知识分析问题和解决问题的能力"。

2019年，《国务院办公厅关于新时代推进普通高中育人方式改革的指导意见》强调，"创新试题形式，加强情境设计，注重联系社会生活实际，增加综合性、开放性、应用性、探究性试题"。

深化考试形式改革，促进中、高考更加侧重于对学生进入高一级学校学习所需的主干知识和关键能力的考查，考查功能也由单一选拔向指导教学和服务社会转变，着力破除一些地区和学校不同程度地存在"考什么教什么"，偏重机械记忆、重复训练，加重学生负担等应试教育倾向。

二、政策的操作要点

（一）改变相对固化的试题形式

根据更新后的考试目标和考试内容，在由基本知识和基本技能考查转向能力考查的同时，探索中、高考考查创新能力和实践能力的方式方法，创新试题形式，增加综合性、开放性、应用性、探究性试题，拓展试题材料的领域和范围，增加表格、图片、统计数据、文字表述等多种信息呈现形式，为能力考查和素质展现提供充分的情境和背景，为考生自由思考创造条件，让学生在解决问题的过程中独立思考，充分运用所学知识去分析问题、解决问题，鼓励考生从不同角度、运用不同方法作答，将标准答案变为参考答案、答案示例，打破答案的唯一性，提高试题的开放性。

同时，要研究试卷长度与考试时间的关系、基本题型与综合题型的匹配、能力考查深度与教学实际的相关程度、试题难度和考生水平的关系，形成较为合理的试卷结构，发挥试卷的整体效应，做到形式和内容的结合和统一。

（二）逐步取消考试大纲

考试大纲是我国中、高考命题的规范性文件和标准，是考试评价、复习备考的依据。考试大纲限定了考试范围，便于考生备考和教师教学。但在实际教学中，考试大纲强势取代课程标准，教师往往根据考试大纲公布的考点范围进行教学，反复讲授必考内容，对于考试大纲中不涉及的其他教材内容则不进行讲授，影响和冲淡了国家课程标准对教学的指导作用，扰乱了正常教学秩序。

《国务院办公厅关于新时代推进普通高中育人方式改革的指导意见》明确规定，学业水平选择性考试与高等学校招生全国统一考试命题要以普通高中课程标准和高校人才选拔要求为依据，实施普通高中新课程的省份不再制定考试大纲。《中共中央 国务院关于深化教育教学改革全面提高义务教育质量的意见》规定，初中学业水平考试坚持以课程标准为命题依据，不得制定考试大纲。

国家课程标准是教材编写、教学、评估和考试命题的依据，中、高考考试内容和方式应该体现课程标准，特别是新课程标准倡导的学生核心素养和能力。废止考试大纲，将倒逼教师走出传统的参照"考纲"教、按"考纲"复习的教学模式，进一步强化课程标准的指导地位，将考试内容和课程内容有机结合，更好地推进新课程标准提倡的教学理念进课堂，使考试评价促进教育教学的正向作用从真正意义上得到发挥。

（三）探索考查学生思维、能力和素养的方式方法

深化以能力和素养为核心的考试内容改革，要想使中、高考命题由"知识立意"变为"能力立意"，我们需要探索行之有效的考查方式。传统的纸笔闭卷考试在很大程度上主要是对学生知识记忆的测量，而对学生解决问题能力方面的测量则存在着较大的局限性。学生学业负担过重，也主要是因为记忆知识的负担过重。进行考试方式和试题的创新性设计，逐步增加对学生动手操作能力、实践探究能力、创新思维能力的考查和评估，鼓励采用纸笔测验、开卷考试、实验操作、听力测试、成果展示以及面试答辩等多种形式。这些考查方式和题目类型更为复杂，灵活性也更大。面对这些题目，学生大都无法单纯依靠知识记忆正确作答；面对学生，教师也无法单纯依靠"填鸭式"教学进行培养。这些方式方法的运用必将对"题海战术"等违背教育规律的复习备考方式有强大的抑制作用。

三、政策实施的建议

考试形式的改革必须与考试机构专业化能力建设和科技支撑条件保障配套进行。

考试机构要推动专业化建设，加强命题能力建设，优化命题

人员结构，加快题库建设，建立命题评估制度，提高命题质量。

针对不同学科的性质和特点确定具体的考试方式和方法，充分利用计算机网络、大数据、人工智能等现代信息技术，无论在考试的组织与管理，如标准化考场建设、网上报名、考场编排、网上评卷、各类在线考试软件和数字化课程考试体系的开发，还是在考试评价，如试题难度的评估、试卷信度与效度的评估、考试评价工具的开发、评价模型的构建、考试的定量统计与定性分析等方面，实现教育考试的科学化和专业化。

加快完善初、高中学生综合素质档案建设和使用办法

《总体方案》提出，"加快完善初、高中学生综合素质档案建设和使用办法，逐步转变简单以考试成绩为唯一标准的招生模式"。

一、政策提出的背景

综合素质评价是新一轮中、高考改革的重要环节，被视为转变简单以考试成绩为唯一标准的招生模式的突破口，促使招生学校从简单"招分"调整到科学"招人"，引导基础教育从"单纯育分"转变到"全面育人"。2014年9月，《国务院关于深化考试招生制度改革的实施

意见》要求规范高中学生综合素质评价，建立规范的学生综合素质档案，探索基于统一高考和高中学业水平考试成绩、参考综合素质评价的多元录取机制。2014年12月，《教育部关于加强和改进普通高中学生综合素质评价的意见》明确了学生综合素质评价的评价内容、评价程序、组织管理。2016年9月，《教育部关于进一步推进高中阶段学校考试招生制度改革的指导意见》提出，完善学生综合素质评价，积极探索基于初中学业水平考试成绩、结合综合素质评价的招生录取模式。2019年6月，《国务院办公厅关于新时代推进普通高中育人方式改革的指导意见》再次强调要把综合素质评价作为招生录取的重要参考，并充分考虑城乡差异和不同群体学生特点，研究制订高中学生综合素质评价使用办法，提前向社会公布。

二、政策的操作要点

（一）完善初、高中学生综合素质档案建设

综合素质评价是学生成长过程中的客观记录及突出表现证明。在评价内容上，注重考查学生的行为表现，特别是通过学生在有关活动中的具体表现，反映其全面发展情况和个性特长；在评价程序上，突出写实记录、公示审核等，要求如实记录学生成长过程中的具体活动，并以事实材料为佐证，做到有据可查，定期整理遴选，招生时使用的活动记录和事实材料必须在学校显著位置公示，班主任及有关教师审核并签字，学校审核把关，为每位学生建立综合素

质档案，同时，建立健全配套的监督制度，包括材料公示制度、抽查制度、申诉与复议制度、诚信责任追究制度，对弄虚作假者按国家有关规定给予严肃处理，确保综合素质材料真实可靠。

（二）完善招生学校综合素质评价的使用办法

中学应明确在综合素质评价中的责任，提供学生综合素质的证明材料并确保其真实性。按照"谁使用、谁评价"的原则，招生学校制定科学规范的综合素质评价使用办法，并提前向社会公布。加强学校招生委员会建设，吸收教授和资深专业教师参加，委员会根据学校培养目标和招生专业特点，组织教师等专业人员对学生档案材料进行研究分析，采取集体评议等方式做出客观评价，将其作为招生录取的参考，更好地发挥"专业人"选"专业学生"的作用。同步完善监督机制，有效监督评价者的评价行为和评价过程，可通过聘请社会监督员巡视学校测试、录取现场等方式，对招生工作实施第三方监督。建立考试录取申诉机制和招生问责机制，及时回应和处理各种问题，确保招生过程的公平公正。

三、政策实施的建议

从高考和中考综合改革试点地区的情况看，在探索"两依据、一参考"高校招生录取模式中，综合素质评价信息基本用于以下几个方面：高水平大学综合评价录取及自主招生的初试和面试；统一招生同分参考和专业调剂录取；艺术、体育等特殊招生报名审核等。

在高中阶段学校招生模式改革中，学生综合素质评价的应用情况归结起来一般分为三类。一是前置后置型。前置型要求学生的综合素质评价必须达到适当水准，学生才有机会通过中考升入重点高中；后置型要求学生的中考成绩必须上线，招生部门再根据综合素质评价录取学生。二是等级赋分制。将综合素质评价等第折算成一定分数加入中考总分进行录取。三是中考成绩等级制。中考成绩不用百分制而以等级的形式呈现，高中学校依据学业水平考试等级和考生综合素质评价等级进行录取。

由于综合素质评价在招生使用中涉及主观评判，面临社会诚信机制缺失和高校公信力不足的挑战，是否会助长招生腐败，社会存在担忧。为此，需要进一步完善初、高中学生综合素质档案建设和使用办法，确保内容真实准确、程序公开透明，健全社会诚信机制和学生综合素质评价监督机制，明确规定将综合素质评价纳入高考评价体系的使用办法以及违规行为的罚则，有效监督评价者的评价行为和评价过程并适当约束评价者的自由裁量权，确保招生过程的公平公正。

完善高等职业教育考试招生办法

《总体方案》提出，"完善高等职业教育'文化素质+职业技能'考试招生办法"。

一、政策提出的背景

职业教育是一种与普通教育不同的教育类型；发展高等职业教育是优化高等教育结构和培养大国工匠、能工巧匠，培养服务经济社会发展的高素质技术技能人才的重要方式。2014年9月，《国务院关于深化考试招生制度改革的实施意见》提出，高职院校考试招生与普通高校相对分开，实行"文化素质+职业技能"评价方式。2019年1月，国务院印发的《国家职业教育改革实施方案的通知》再次强调，建立"职教高考"制度，完善"文化素质+职业技能"的考试招生办法，提高生源质量，为学生接受高等职业教育提供多种入学方式和学习方式。以文化素质测试成绩为基础，突出学生职业技能或职业适应性，强调学生在高职教育专业学习中的能力素质匹配度，是一种比较符合职业教育技术技能人才培养特点的选拔体系。

二、政策的操作要点

（一）改革完善考试形式和内容

职业院校招生时强调考生的"文化素质够用，职业技能或职业适应性强"。但问题的关键是，招生院校要根据专业的培养特点与要求以及未来职业岗位的能力需求，制定和开发出相应的职业技能考核方案或职业适应性测试方案。目前，高职院校这方面的开发能力明显不足。

改进的办法有以下几种。一是技能测试参考职业资格鉴定的初级工或中级工标准确定，形成试题库向中职公开，中职毕业生达到相应标准即可视为技能测试合格。二是将考生单独面试、笔试和实际操作结合进行，既考核实际操作水平，又考核技能经验的形成。三是引进企业参与招生的职业倾向测试，或引入企业成立相关行业各专业大类联合考试委员会，既可保证职业倾向测试的实用性和准确性，又可以实现学校招生与企业招工的同步性。

（二）深入推进分类考试招生

继续推进高职院校分类考试招生，为学生接受高等职业教育提供多样化入学形式。

一是改进以高考为基础的考试招生办法。普通高中毕业生报考高职院校，参加职业适应性测试，文化素质成绩使用普通高中学业水平考试成绩，也可结合考生普通高中学业水平考试成绩，使用考生部分高考科目成绩；职业技能方面主要考查考生通用技术基础、职业倾向和职业潜能等内容，可由省级高等学校招生委员会组织统一考试，也可使用考生普通高中学业水平考试有关科目成绩或由招生学校组织校考。招生学校依据考生相关文化素质成绩和职业技能成绩，参考综合素质评价，择优录取。

二是改革单独考试招生办法。适度扩大院校实施范围和录取规模，由国家示范性、省级示范性高等职业学校和现代学徒制试点学校扩大到技术密集型产业集中地区及高等教育相对发达地区，考生参加招生院校单独组织或与相同、相近类型招生院校联合组织的入学考试，文化素质和职业技能的考试科目、内容、方式和录取办法由招生学校确定。办学定位明确及招生管理规范的高等职业学校的农林、水利、地矿等行业特色鲜明且社会急需的专业，可于高考前，在本地符合当年高考报名条件的考生范围内，依据考生普通高中学业水平考试成绩和综合素质评价结果，综合评价，择优录取。鼓励高职院校通过联合考试或成绩互认等方式，减轻考生考试负担。

三是完善面向中职毕业生的技能考试招生办法。完善以专业技能成绩为主要录取依据的招生办法，文化素质使用各省份或各校组织的文化考试的成绩，职业技能使用各省份或各校组织的职业适应性测试成绩或职业技能测试成绩。鼓励有条件的省份，对取得相关职业技能等级证书的考生，报考相关专业可免予职业技能测试。

四是规范中高职贯通的招生办法。进一步优化面向初中应届毕业生的三二分段制和五年一贯制招生专业结构，以艺术、体育、护理、学前教育以及技术含量高、培养周期长的专业为主，合理安排招生计划。三二分段制学生完成中等职业教育阶段培养任务后，通过省级高等学校招生委员会组织的考试或经省级高等学校招生委员会授权的高等职业学校组织的考试的，可被有关高等职业学校录取；五年一贯制学生完成中等职业教育阶段学习任务并达到相关要求后，可直接进入高等职业教育阶段学习。

五是实施针对特殊群体特点和受教育状况的招生办法。对于符合免试条件的技能拔尖人才，如对于获得由教育部主办或联办的全国职业院校技能大赛三等奖及以上奖项、由省级教育行政部门主办或联办的省级职业院校技能大赛一等奖的中等职业学校应届毕业生和具有高级工或技师资格（或相当职业资格）、获得县级劳动模范先进个人称号的在职在岗中等职业学校毕业生，由高职院校予以免试录取。对于退役军人、下岗失业人员、农民工和新型职业农民，可免予文化素质考试，由各校组织与报考专业相关的职业适应性测试或职业技能测试。

深化研究生考试招生改革

一、政策提出的背景

　　研究生教育是培养高层次人才的主要途径，招生作为研究生教育的首要环节，具有举足轻重的地位。长期以来，我国研究生招生主要通过考试录取学生，即通过"初试+复试"，最终以初试成绩和复试成绩按一定比例计算出的总成绩为依据选拔研究生，其核心偏重考试分数。

　　博士研究生招生是国家选拔和培养具有独立从事科学研究工作能力，在科学或专门技术上做出创造性成果的高层次专门人才的重要途径。考虑到博士研究生教育的特点，国家对博士研究生的选拔方式进行了一系列的改革。

　　2013年，《教育部　国家发展改革委　财政部关于深化研究生教育改革的意见》提出，建立博士研究生选拔"申请—审核"机制，发挥专家组审核作用，强化对科研创新能力和专业学术潜质的考察。

2017年，《教育部办公厅关于做好2017年招收攻读博士学位研究生工作的通知》明确要求，招生单位应根据国家招生政策、本单位办学特色、培养目标和学科特点等，制定并公布本单位招收攻读博士学位研究生的学术性申请条件和要求、申请材料审核办法和程序、通过标准和申诉机制等。对申请人提交的申请材料，招生单位应组织本单位相关学术组织和导师组按照相关办法和程序认真审核，给出审核意见或成绩。审核结果要公开公示并及时通知申请人。同时，坚持能力、素质与知识考核并重，着力加强对专业素养、学业水平、科研能力、创新潜质和综合素质的综合评价和全面考查。

2019年，《教育部办公厅关于做好2019年招收攻读博士学位研究生工作的通知》进一步强调，各招生单位要树立科学的评价导向，坚持以提高质量为核心，以落实立德树人成效为根本标准，进一步完善"申请—考核"招生选拔机制。要进一步明确"申请—考核"招生管理办法、申请条件和要求、材料审核办法和程序、审核通过标准和考生申诉机制等，提前在招生章程中公布并严格规范执行。

部分高校的试点探索也表明，"申请—审核"制对于学术型人才的选拔确实有着较好的作用，有利于提高招生选拔质量。

二、政策的操作要点

（一）规范"申请—审核"程序

"申请—审核"程序包括个人申请、材料审查、综合考核和择优录取四个阶段，根据不同学科的特点，采取不同的考核方式。招生单位应根据国家招生政策、本单位办学特色、培养目标和学科特点等，制定并公布本单位招收攻读博士学位研究生的学术性申请条件和要求、申请材料审核办法和程序、通过标准和申诉机制等。对申请人提交的申请材料，招生单位应组织本单位相关学术组织和导师组按照相关办法和程序认真审核，给出审核意见或成绩。审核结果要公开公示并及时通知申请人。

（二）规范综合素质和专业能力考核

招生单位要把思想政治素质和品德考核作为博士研究生招生考核的重要内容和录取的重要依据。遵循实事求是的原则，认真考核考生本人的现实表现，内容应包括政治态度、思想表现、道德品质、遵纪守法等方面，特别要注重考查考生的科学精神、学术道德、专业伦理、诚实守信等方面的情况。对于思想品德考核不合格者不予录取。健全完善导师评价考核机制，发挥和规范导师在人才选拔中的作用，充分发挥专家组审核作用，通过面试等形式考查考生综合运用所学知识的能力、科研创新能力、对本学科前沿领域及最新研究动态的掌握情况等，并对考生进行外国语能力测试，综合考生申请材料和评价结果、专家审核情况等做出综合判断，确定拟录取名单，并由招生单位博士研究生招生工作领导小组审定，对本单位的博士研究生录取结果负责。

（三）强化招生监督管理

招生单位作为考试招生工作的主体，要全面落实考试招生主体责任，强化学校党委和研究生招生工作领导小组对招生工作的领导，严格落实集体研究、集体决策机制，建立健全覆盖博士研究生招生全过程的监督管理体系，加强对博士研究生考试招生等各工作环节监管和信息公开力度，切实维护博士研究生招生科学规范、公平公正。主管教育行政部门和教育招生考试机构要加强对本地区博士研究生招生单位招生工作的指导协调和监督检查，调查处理所属招生单位招生工作中发生的问题，并追究有关部门和相关人员的责任。

三、政策实施的可行性和风险点

博士研究生普通招考由以考试为基础的选拔机制逐渐向"申请—审核"制过渡的改革和探索是大势所趋，该政策得以顺利实施的院校基础和前提是培养过程中建立了严格的淘汰机制。近年来，全国大多数博士研究生培养院校对博士研究生的基本学习年限进行了"弹性化"处理，通常规定了5～7年的最长学习年限。超过最长期限还不能完成学业者，培养院校将以"学制超时"为由，取消博士研究生学籍。这都可以视作博士研究生的隐性淘汰机制。

在我国现代大学制度和监督监管机制还不够完善的情况下，如果大范围推行高校博士研究生招生"申请—审核"制，那么公众有可能对自主招生过程中是否会出现腐败和不公而存在担忧和疑虑。比如，个别拥有招生自主权的大学，是否会出现一些人员通过各种途径拿到博士学位的现象？这样的行为带来的负面影响不容小觑。同时，实行"申请—审核"制，必须赋予研究生培养单位充分的招生自主权，导师是研究生培养第一责任人，培养单位应维护和规范导师在招生、培养、资助、学术评价等环节中的权利。

近年来，随着"放管服"改革的推进，扩大和落实大学办学自主权行动取得了成效，但尚没有产生根本上的改变。博士研究生招生"申请—审核"制选拔方式首先要在制度建设完善、培养力量较强、培养质量较高、办学行为规范、招生信誉良好的重点学科和特色优势学科进行试点，再逐步推广到其他学科专业；也可在现有部分高校试点经验的基础上，逐步增加指标继续试点，探索和建立更加完善的运行和监督机制，让改革的步伐更加稳妥。

此外，要探索建立博士研究生招生质量第三方评价机制，推动招生单位建立健全以自我评价为基础、第三方评价服务为补充、主管部门宏观管理为指导的博士研究生招生质量评价机制，进一步强化招生单位质量意识和自律意识，提高选拔培养质量。

不得通过设置奖金等方式违规争抢生源

《总体方案》提出，"各级各类学校不得通过设置奖金等方式违规争抢生源"。

一、政策提出的背景

生源质量是学校教学质量和人才培养质量的基础。在中、高考招生录取过程中，学校之间必然存在生源竞争。正常的竞争方式和手段是学校通过提高学术水准、人才培养质量和对经济社会发展的服务能力来提高自身竞争力；而学校通过设置奖金等方式违规抢生源，则属于不正当竞争，背后折射出一种走偏的办学观。原因主要有以下几点。

第一，破坏正常的招生秩序。在我国现行高考制度下，高校并没有充分的招生自主权。高校每年的投档分数线并不是高校自主确定的，而是结合高校招生计划、考生的志愿填报情况"投"出来的。一所学校当年报考人数多，投档、录取分数线就可能上升；反之，报考人数少，投档、录取分数线就会下降。从学校角度看，如果有更多高分学生报考本校，本校的录取分数线就会上升，显示出更好的招生业绩。如果在招生宣传期间，高校通过设置奖金等手段吸引更多的学生报考该校，就涉嫌恶性抢生源，破坏正常的招录秩序，也影响当事学生的权利。

第二，强化"唯分数论"。在现行高考制度下，按单一分数评价录取学生的招生体系还没有得到完全破解，分数依然是很多高校录取学生的唯一标准。高校"抢生源"针对的是高分生源，这自然会强化"唯分数论"，与正在推进的分类考试、综合评价、多元录取的考试招生模式改革相背离。重视生源质量，仅盯着高分学生，而不是进行多元评价，会向社会传递混乱的信息，影响基础教育中素质教育的实施和育人方式的转变。

第三，涉嫌违反高校财经纪律。目前，国内绝大部分高校的办学资金与各种资源，多来源于财政拨款和政策性扶持。财政拨款追求的是普惠性与公平性。如果高额奖金来源于国家给予高校的财政拨款，学校将其分配给即将入学的极少一部分新生，而且基于的不是他们在高校的学习状况，显然侵犯了其他大部分学生的利益，也不利于激励学生入学后继续勤奋学习、努力进取。

二、政策的具体内容

教育部在每年发布的高校招生工作规定中，都要求高校依据国家有关法律和招生政策规定制定本校的招生章程，其中包括招生计划、录取规则、学费标准、家庭经济困难学生资助政策及有关程序等内容，经主管部门核定后向社会公布，一经公布，不得擅自更改。

高校进行招生宣传时，要通过展示专业信息、办学特色、整体实力和社会声誉等来吸引学生。教育部明确将用高额奖金吸引考生报考的行为纳入禁令范畴，特别针对的是争抢生源的恶性竞争现象。

树立正确用人导向

一、政策提出的背景

用人单位是学生学习生涯暂时告一段落、走入社会的就业归宿，用人单位对一个毕业生的评判在整个教育评价的链条中处于最上端。用人单位的用人标准、用人导向，体现了整个社会对人才的评价标准和对学校教育的评价标准，对学校育人模式具有决定性影响。因此，树立正确用人导向，对改善教育评价生态系统具有至关重要的指挥棒作用。

扭转不科学的教育评价导向，克服唯分数、唯升学、唯文凭、唯论文、唯帽子的顽瘴痼疾，迫切需要用人单位扭转唯名校、唯学历等不正确的用人导向，树立正确用人观。现阶段，用人单位招聘过程中唯学历、唯名校和人才"高消费"

的现象仍然普遍存在。2014年，一项关于薪酬与职工特征、企业性质关系的实证研究显示，在我国国有企业当中，岗位价值贡献与岗位薪酬支付出现错配的现象比其他类型经济组织更为明显，高学历者更容易获得高薪酬。[①]2019年，中国青年报社会调查中心的一项调查显示，招聘活动中"唯学历""唯名校"，是当前72.7%的青年在就业时会面临的问题，也是现阶段青年就业时面临的最主要的问题。

改革用人评价导向，强调"建立以品德和能力为导向、以岗位需求为目标的人才使用机制"，不仅有益于用人单位长远发展，而且对于改变教育中重智育、轻德育，重书本、轻实践等普遍现象也具有重要作用，是学校将教学中心放到立德树人这个根本任务上，让每一个学生都能全面发展的根本之策。

二、政策的基本内涵

树立正确用人导向，关键是建立以品德和能力为导向、以岗位需求为目标、重视实际表现和实绩贡献的人才招录和使用机制，在各类招聘和选人用人活动当中坚持"德才兼备""人岗相适""注重实绩"的原则。

党的十八大以来，中央高度重视树立正确的用人导向。习近平总书记强调，要通过树立正确的用人导向，让那些忠诚、干净、担

---

① 王雄元、张鹏、张金萍：《职工特征、股权性质与薪酬支付——来自中国上市公司的经验证据》，载《会计与经济研究》，2014（4）。

当的干部得到褒奖和重用。他指出，"干部干部，干是当头的，既要想干愿干积极干，又要能干会干善于干""使那些重实际、说实话、务实事、求实效的干部，不仅不吃亏，而且受到鼓励、褒奖、重用""要着力强化敢于担当、攻坚克难的用人导向，把那些想改革、谋改革、善改革的干部用起来，激励干部勇挑重担""旗帜鲜明为那些敢于担当、踏实做事、不谋私利的干部撑腰鼓劲""加大改革实绩考核权重，形成鼓励改革、支持改革正确用人导向"。

2013年，《国务院办公厅关于做好2013年全国普通高等学校毕业生就业工作的通知》明确要求，用人单位在进行高校毕业生招聘时，"不得以毕业院校、年龄、户籍等作为限制性要求"。近年来，教育部也多次通知要求，凡是教育行政部门和高校举办的就业招聘活动，严禁发布含有限定"985工程""211工程"高校等字样的招聘信息。2019年，《人力资源社会保障部关于改革完善技能人才评价制度的意见》进一步提出"坚持科学公正"的人才评价原则，要求"科学制定评价标准，注重职业道德，体现工匠精神，突出职业能力导向，强化工作业绩和贡献，推动评价工作科学、客观、公正进行""坚持把品德作为技能人才评价的首要内容""坚持以能力、业绩、贡献为导向，注重考核岗位工作绩效，强化生产服务成果、创新成果和实际贡献"。

树立正确用人导向，要建立科学的人才分类评价机制。2018年，中共中央办公厅、国务院办公厅《关于分类推进人才评价机制改革的指导意见》指出，"人才评价是人才发展体制机制的重要组成部分，是人才资源开发管理和使用的前提。建立科学的人才分类评价机制，对于树立正确用人导向、激励引导人才职业发展、调动人才创新创业积极性、加快建设人才强国具有重要作用"。

三、政策实施的建议

树立正确用人导向，国家各级党政机关、事业单位、国有企业应当率先垂范。国家各级党政机关、事业单位、国有企业政策执行到位，作风转变明显，对于一个"系统"、一条"战线"、一个地区有明显示范效应。国家各级党政机关、事业单位、国有企业应当从自身做起，充分发挥自身示范带头作用，率先检视自身选人用人的评价标准、评价方式是否存在问题；是否落实《关于分类推进人才评价机制改革的指导意见》，实行分类评价、突出品德评价、科学设置评价标准；是否存在唯名校、唯学历和人才"高消费"现象。

社会广大用人单位也应当从自身长远发展的角度出发，重视树立正确用人导向，不断提高人才招聘工作的科学性。要把品德作为人才评价的首要内容，加强对人才科学精神、职业道德、从业操守等的评价考核，倡导诚实守信，强化社会责任，抵制心浮气躁、急功近利等不良风气，从严治理弄虚作假和学术不端行为。招聘过程中，应当加大对应聘者思想道德素质的考查权重，将学生在校期间行为表现、主动参与社会工作和参加社会实践情况、所受奖惩情况等情况作为选人用人的重要参考。

用人单位要坚持凭能力、实绩、贡献评价人才，克服唯学历、唯资历、唯论文等倾向，注重考查各类人才的专业性、创新性和履责绩效、创新成果、实际贡献。要建立体现不同职业、不同岗位、不同层次人才特点的人才分类评价机制，科学客观公正评价人才，让各类人才价值得到充分尊重和体现，形成"不拘一格降人才"的良好局面。要充分发挥人才评价正向激励作用，推动多出人才、出好人才，最大限度激发和释放人才创新创业活力，促进人才发展与经济社会发展深度融合。

促进人岗相适

一、政策提出的背景

　　近年来，许多用人单位不顾岗位属性和实际需要，互相攀比，争相抬高学历门槛，盲目追求高学历、重点大学毕业生。一些用人单位在人才招聘中设置"特殊条款"，有的只要"211工程""985工程"院校毕业生，有的明确提出"双一流"的毕业生优先，直接把普通高校（含独立学院、民办高校）毕业生排斥在外。即使是毕业于重点大学的博士，在求职应聘中也会遭遇学历被"查三代"的尴尬，有的仅仅因本科学历不是在"211工程""985工程"等重点大学获得的而被拒之门外。而用人单位对应聘者是否毕业于"全日制"学校有要求则更是普遍现象。一些国有企业、事业单位的招聘公告中明确要求应聘者的学历为全日制学历，对通过自考、函授等获得国家承认学历的非全日制学历文凭获得者搞学历歧视。

2017年，上海市松江区教育局下属事业单位教师招聘公告明确提到，应聘高中学校教师的应届毕业生应为省（直辖市）级及以上师范院校师范类专业硕士研究生或"211工程"高校硕士研究生及以上应届毕业生、部分国家"985工程"院校的本科及以上应届毕业生。

2020年度人员录用招考（招聘）公告中，中国农业银行总行、中国人民银行分支机构和直属单位等都提到应聘者应有"全日制"大学本科及以上学历。

中国青年报社会调查中心联合问卷网对2006名受访者进行的调查显示，76.0%的受访者认为当下教育背景对求职影响大。[①] 学历歧视突出的现象，导致许多毕业于普通高校的毕业生在就业起点上就面临歧视，起码的公平展示、平等竞争的就业机会都难以获取，造成事实上的"同等学历不同等"，也造成人才浪费，直接损害了普通高校毕业生的职业发展权益。

截至2021年9月30日，全国共有普通高等学校和成人高等学校3012所。其中，"211工程"高校112所，"985工程"高校39所。用人单位不考虑自身的实际用人需求，盲目跟风，只招收和优先招收第一学历为"211工程""985工程"院校的毕业生，会导致过度教育、过度用工的不合理现象出现，不利于人力资源的优化配置。此外，不根据岗位需求招聘人才，盲目追求学历的极致化，容易造成"人岗不相适"。这样的做法不仅会增加用人成本，造成大材小

---

① 王品芝、陈子祎:《教育背景影响求职 非名校生怎么办——58.5%受访者认为企业招聘最应看重专业能力》，载《中国青年报》，2018-11-15。

用，而且会影响人力资源的稳定性。而人力资源来源的单一性，也会大大降低用人单位的创造力和创新性。

党的十九大报告指出，"要坚持就业优先战略和积极就业政策，实现更高质量和更充分就业"。高质量就业只有在公平的市场环境下才有可能实现。招聘过程中人为地附加毕业学校、国（境）外学习经历、学习方式等限制性条件，有碍就业公平的实现。

二、政策的基本内涵

选人用人关乎事业发展，用人单位应坚持人岗相适原则，按照岗位需求合理确定应聘者的学历层次。简单说，就是"岗得其人""人适其岗"。用人单位不能盲目跟风，提出将毕业学校、国（境）外学习经历、学习方式等作为限制性要求；相反，应从工作出发，以事择人，根据个体不同的素质、学历层次，将其安排在最合适的岗位上。

"骏马能历险，犁田不如牛。"再才华横溢的人，放到不适合的岗位上也发挥不出作用。用人单位只有明确岗位特点、基本信息以及岗位任职资格，选对人、用好人，充分发挥其真实才能，才能促进单位事业的发展。盲目跟风、互相攀比，不但不能用好人，有损公正，而且人为制造了社会就业壁垒。因此，在招聘公告和实际操作中，不得提出将毕业学校、国（境）外学习经历、学习方式等作为限制性要求。国家机关、事业单位、国有企业在招聘中，更不应该搞就业歧视。如果公然强调学历差别，就是把应考应聘人员分等对待，有损社会公正。

三、政策实施的建议

（一）建立科学的教育和人才评价机制

教育系统和教育主管部门要科学规划高等教育的布局，调整高等教育的结构。淡化社会存在的毕业学校、国（境）外学习经历、学习方式情结，改革教育管理制度，改革教育与人才评价体系，要唯能力是举。

在制度层面，构建人才需求预测和人才培养规划定期发布机制，构建以品德、业绩和能力为指标，以多元评价为手段的人才评价机制，构建公平、公开、竞争、择优的人才选拔机制，构建岗位属性与人选特质匹配对应的人才配置机制。选人用人要注重德行和才华，不唯学校、国（境）外学习经历、学习方式，不以从"985工程""211工程""双一流"等院校和学科毕业为用人条件。要突出品德评价，注重凭能力、业绩和贡献评价人才，促进人岗相适。

（二）健全监督机制，设立专门的反就业歧视监管机构

目前，由于我国缺少专门的管理机构对就业歧视现象进行监督管理，应聘者就业时在毕业学校、国（境）外学习经历、学习方式等方面受歧视的现象依然存在。因此，有必要设立专门的监督管理

机构，以保证就业公平。这个新设立的机构要对监督的权利和责任进行明确划分，保证在就业公平管理中的权威性，不仅要维护在就业招聘中劳动者的权益，而且要维护法治社会的秩序，从而保障法律法规能够更好地贯彻执行，提高其执法强制力，杜绝国家机关、事业单位、国有企业在就业招聘中将毕业学校、国（境）外学习经历、学习方式等作为限制性条件。

（三）国家机关、事业单位、国有企业要率先垂范，立好人岗相适的"风向标"

在推进制度规范的过程中，国家机关、事业单位、国有企业具有明显的风向标作用，应为广大企业做出榜样，发挥规范、引领作用，按照人岗相适原则选好人才、用好人才，为各类人才施展才华搭建充分广阔的舞台，为优秀人才成长发展创造风清气正的环境，破除毕业学校、国（境）外学习经历、学习方式等门槛限制，促使优秀人才在事业发展中发挥自身的作用。

（四）发挥媒体的监督作用

通过媒体曝光，给予就业歧视行为舆论上的压力。媒体不仅应曝光存在教育背景就业歧视行为的单位，并对其进行追踪报道，而且要报道就业招聘中的正面典型，给广大的企业树立正确的标准。提高社会全体公民的监督意识，营造更加良好的就业氛围，使法治社会建设更快、更好地进行。

职业学校毕业生在落户、就业、参加机关企事业单位招聘、职称评聘、职务职级晋升等方面，与普通学校毕业生同等对待

一、政策提出的背景

职业学校作为我国技术型、专业型人才培养的摇篮，为我国社会主义建设培养了大批技能技术型人才。然而，当前国家机关、事业单位、国有企业等用人单位存在一定的固有思想，认为普通学校毕业的学生相对优秀，而职业学校毕业的学生素质相对不高，因此在职业学校毕业生落户、就业、参加招聘、职称评聘等方面存在学历歧视政策和行为。

例如，在落户方面，2020年《上海市引进人才申办本市常住户口办法》第五条列出了常住户口的申办条件："重点机构紧缺急需的具有本科及以上学历并取得相应学位的专业技术人员、管理人员和创新团队核心成员等核心业务骨干。""重点机构紧缺急需的具有国家二级职业资格证书或技能等级认定证书（技师）的技能类高

技能人才。"从文件来看，对技术技能人才落户的条件非常苛刻，
但对本科学生落户的条件则相对宽泛。《上海市教育委员会　上海
市发展和改革委员会　上海市人力资源和社会保障局　上海市公安
局关于做好2020年非上海生源应届普通高校毕业生进沪就业工作
的通知》列出了非上海生源应届高职高专毕业生进沪就业申请《上
海市居住证》积分紧缺专业目录，而对于本科毕业生则没有此类限
制；另外，在落户需要的外语等级证书、计算机等级证书等证明材
料的提交上，为本科毕业生提供了宽泛的免予提交的条件。

　　在招聘方面，福建省2019年度考试录用公务员招考职位表中，
80%以上的职位要求本科及以上学历。福建省船舶工业集团有限公司
2019年总部工作人员招聘要求"全日制大学本科及以上学历且取得
相应学位"。

　　在职称评审方面，各地对技术技能人才晋升正高或高级职称
均有严格的限定条件。例如，北京市的《关于全面加强新时代首都
技能人才队伍建设的实施意见》规定："中华技能大奖获得者、享
受国务院政府特殊津贴的高技能人才，可按规定破格评为正高级职
称。在京工作的世界技能大赛铜牌以上获奖者及其项目技术指导专
家组组长、教练组组长，可按规定破格评为高级职称。"但对于技
能型人才的职称认定，缺乏具有可操作性的实施细则。北京市《关
于深化职称制度改革的实施意见》规定："打通高技能人才与工程
技术人才职业发展通道，符合条件的高技能人才可参加工程技术系
列专业技术人才职称评审。"《广西壮族自治区职称推荐评审认定
办法（试行）》规定，具备下列条件，可申报正高级职称：大学本
科以上学历，取得副高级职称后，从事专业技术工作5年以上。

为进一步克服"唯学历"的人才评价倾向，营造人人皆可成才、人人尽展其才的良好环境，实现人岗匹配，国家制定了此政策。

二、政策的基本内涵

2013年，《中共中央关于全面深化改革若干重大问题的决定》指出，"消除城乡、行业、身份、性别等一切影响平等就业的制度障碍和就业歧视"。2019年，国务院印发的《国家职业教育改革实施方案》第十五条"提高技术技能人才待遇水平"中提出，"积极推动职业院校毕业生在落户、就业、参加机关事业单位招聘、职称评审、职级晋升等方面与普通高校毕业生享受同等待遇"。

由于此条政策"职业学校毕业生在落户、就业、参加机关企事业单位招聘、职称评聘、职务职级晋升等方面，与普通学校毕业生同等对待"的初衷是提高技术技能人才的地位，消除对职业学校毕业生的歧视，但与"促进人岗相适"标题的对应关系不够强，同时，职业学校毕业生与普通学校毕业生享受同等待遇的政策落地难度比较大；因此，建议可从以下角度入手，"用人单位在毕业生招聘、落户、职称评审、职级晋升等过程中，合理确定岗位对学历的需求，积极吸纳职业院校毕业生"。

三、政策实施的建议

第一，各级政府制定实施细则，加强扶持力度。各级人民政府要创造平等就业环境，消除城乡、行业、身份、性别等一切影响平等就业的制度障碍和就业歧视，清理带有歧视性政策，建立符合技术技能人才特点的落户、就业、招聘、职称评聘与职务职级晋升制度。要对职业学校学生的就业工作进行科学的规划与指导，保护职业学校毕业生的合法就业权益，营造一个公平的就业环境，促使职业学校毕业生能够与其他普通学校毕业生平等参与就业竞争。加大对职业学校的宣传和投入力度，提升职业学校师资水平，提升职业学校学生培养质量，让社会对职业学校毕业生有更多的了解，产生更大的认可。

第二，国家机关、事业单位、国有企业在坚持人岗匹配、树立正确的人才评价导向上做好表率。党政机关、事业单位和国有企业要进一步深化人事制度和收入分配制度改革，认真梳理各类岗位需求、职责，合理确定岗位学历要求，不盲目追求高学历。要提高技能人才收入水平，探索在国有企业建立高技能人才技能职务津贴和特殊岗位津贴制度，切实为社会选人用人起到表率作用。

第三，职业学校加强学生就业指导。职业学校要根据就业形势和生源特点，加强学生职业生涯规划引领和就业服务，以满足用人单位岗位需求为目标，以培养学生专业技术技能为重点，帮助学生找准职业定位，努力为学生就业创造出口和条件。

用人单位要科学合理确定岗位职责，建立重实绩、重贡献的激励机制

一、政策提出的背景

（一）公务员工资制度改革

2006年，《国务院关于改革公务员工资制度的通知》指出，改革公务员工资制度，理顺收入分配关系，构建科学合理、公正公平的公务员收入分配体系，关系广大公务员积极性、主动性和创造性的充分发挥，关系全面建设小康社会、建设中国特色社会主义事业的全局。《公务员工资制度改革方案》提到，按照党的十六大关于"完善干部职务与职级相结合的制度，建立干部激励和保障机制"的精神和公务员法规定，经党中央、国务院批准，改革公务员现行工资制度，实行国家统一的职务与级别相结合的公务员工资制度。

2006年的工资制度改革的目的是建立适应经济体制和干部管理体制要求的工资管理体制，实现工资分配的科学化、规范化和法制化。改革原则如下。贯彻按劳分配原则，进一步理顺工资关系，合

理拉开不同职务、级别之间的工资差距；坚持职务与级别相结合，增强级别的激励功能，实行级别与工资等待遇适当挂钩。通过工资标准设计，不同职务、不同级别的工资差距被拉开，基本工资最高与最低的比例由原来的6.6∶1扩大到12∶1。

调整后的工资结构中，职务工资主要体现公务员的工作职责大小，级别工资主要体现公务员的工作实绩和资历。改革基本实现了按劳分配。

（二）事业单位工资制度改革

事业单位的薪酬分配办法是根据人事部、财政部《关于印发事业单位工作人员收入分配制度改革方案的通知》的要求，自2006年7月1日起实施的。

改革背景如下。根据党的十六届三中全会关于推进事业单位分配制度改革的精神，改革事业单位工资制度，建立符合事业单位特点、体现岗位绩效和分级分类管理的收入分配制度，是落实科学发展观和构建社会主义和谐社会的要求，也是深化事业单位改革的重要内容，对于理顺分配关系、规范分配秩序、构建和谐的收入分配格局，具有重要意义。

改革原则如下。贯彻按劳分配与按生产要素分配相结合的原则，建立与岗位职责、工作业绩、实际贡献紧密联系和鼓励创新创造的分配激励机制；适应事业单位聘用制改革和岗位管理的要求，以岗定薪，岗变薪变，加大向优秀人才和关键岗位的倾斜力度；建立体现事业单位特点的工资正常调整机制，使事业单位工作人员收入与经济社会发展水平相适应。

由此可见，国家机关、事业单位按照党的十六大提出的要求，贯彻执行按劳分配总原则，打破了制度内平均主义，建立了与岗位职责、工作业绩、实际贡献紧密联系和鼓励创新创造的收入分配制度和激励机制。但其中仍存在一些问题。比如，公务员工资制度改革，虽然这种旨在"打破制度内平均主义"的设计，强调级别在工资分配中的激励作用，但对于广大基层公务员来说，能够从普通科员最终晋升至正处、正厅级官员的毕竟凤毛麟角，大多数人晋升机会有限。而按照目前的薪酬制度，公务员若在某一职务上多年不动，虽然工资也会上涨，但上涨幅度不大，这就影响到原来设计的激励机制的实际成效。又如，事业单位在制定岗位绩效目标时，缺乏全面考虑，导致岗位绩效目标设置不完善，未能达到期望效果。因此，需要进一步完善岗位职责的设置，逐步实现以岗定薪的目标绩效管理办法。

二、政策的基本内涵

要科学合理确定岗位职责，建立重实绩、重贡献的激励机制，逐步实现以岗定薪、按劳取酬、优劳优酬的收入分配制度，而不是以学历层次和学校出身为薪酬分配的依据。

岗位职责是指一个岗位要求完成的工作内容以及应当承担的责任范围。可根据工作任务、工作性质、工种、工种性质的需要，确立工作岗位名称、岗位职务范围、岗位目标责任。实行按岗定责可以最大限度地实现劳动用工的科学配置；可以有效地防止因职务重叠而发生的工作扯皮现象；可以提高内部竞争活力，更好地发现和使用人才；可以提高工作效率和工作质量，规范操作行为；也可以为组织考核提供依据。

科学合理确定岗位职责，首先要明确岗位工作性质。推动在岗位上的工作人员参与设定岗位目标，并努力激励他们实现这个目标。因此，岗位目标的设定、准备实施、实施后的评定工作都必须由此岗位上的工作人员承担。岗位是工作人员展现能力和人生价值的舞台。工作人员应主动发挥创造力，发挥自我判断、独立解决问题的能力，以求实现工作成果的绩效最大化。

其次，在确定岗位职责时，要考虑尽可能一个岗位包含多项工作内容，以避免岗位上的工作人员由于长期从事单一型工作而埋没了个人的其他才能。丰富的岗位职责内容，可以促使一个多面手的工作人员充分发挥各种技能，也会收到激励员工主动积极工作的效果。

最后，可以在岗位职责里设定，在固定期间内出色完成岗位任务后，可以获得转换到其他岗位工作的权利。岗位转换拓展了工作人员整体知识领域，提高了其操作技能，也营造了工作人员之间和谐融洽的文化氛围。

确定了科学合理的岗位职责后，应建立重实绩、重贡献的激励机制，逐步完善以岗定薪、按劳取酬、优劳优酬的收入分配制度。

以岗定薪、按劳取酬是指在明确岗位职责、进行岗位评估和绩效管理的基础上，根据岗位的相对价值和任职者的胜任能力、工作表现而支付薪酬。薪酬可分为固定薪酬和浮动薪酬。固定薪酬是指相对稳定的工资收入，一般按月发放，在履行好岗位职责、遵守单位各项规章制度的前提下足额发放。浮动薪酬是指以工作人员的实际业绩、对单位的贡献大小为衡量指标,按照按劳分配原则,以多劳多得、少劳少得、不劳不得、优劳优得的方式发放的工资收入。这部分收入具有浮动性,一般在年底发放。

目前,国家机关公务员工资分配制度中的级别工资、事业单位的绩效工资都体现了重实绩、重贡献的激励机制。

三、政策实施的建议

第一,科学合理确定岗位职责,制定符合单位自身发展特点的薪酬管理办法。国家机关、事业单位应结合自身特点,制定符合自身发展的薪酬管理办法。薪酬管理办法要体现岗位职责,按岗位性质区分专业技术人员、管理人员、科研辅助人员,分别确定不同类岗位职责系数,按岗位承担责任大小、工作量多少等单位自身考核特点,确定同类岗位职责系数,运用科学手段制定完善的薪酬管理办法。在薪酬分配体系中,减少学历层次和学校出身等对薪酬产生影响的指标。

第二,建立完善的监督机制。薪酬管理办法与每位工作人员息息相关,直接关系到工作人员的工作热情,每位工作人员都有权利对自身的岗位系数进行评估和考量。因此,需要建立事前论证可行性、事中认真执行、事后总结评估的完善体系,更需要由职工代表大会等能够代表职工意愿的机构行使监督职能。

落实改革责任

　　各地应根据《总体方案》的要求，结合实际，确定教育评价改革重点，制定实施方案，明确责任分工和时间表、路线图。中央和国家有关部门应结合各自职责，认真落实教育评价改革任务，及时制定配套措施和办法。国家机关、事业单位、国有企业要率先垂范，带动全社会贯彻科学的选人用人理念。各级各类学校要坚决落实改革方案，努力在办学中破除不科学的教育评价的顽瘴痼疾。对一些重大教育评价改革事项，国家和各省（自治区、直辖市）可选择有条件的地方、学校和单位进行试点，发挥示范带动作用。深化教育督导体制机制改革，将各地推进教育评价改革情况纳入重要督导内容，对违反相关规定的予以督促纠正，对相关人员严肃处理。

一、政策提出的背景

好的政策也需要好的执行。新一轮教育评价改革中，整体思路和政策已经形成。只有将这些思路和政策落地，整个教育评价才能最终发挥作用、取得效果。各级政府、各类学校、社会各界，特别是国家机关、事业单位、国有企业都要贯彻习近平总书记的重要指示，全面执行新一轮教育评价改革方案，按时推进相关工作，推动中国教育事业迈向新的高峰。

二、政策的基本内涵

为了落实教育评价改革的总体方案，中央政府、地方政府、学校、社会、家庭需要一起努力，方能顺利完成新一轮教育评价改革落地的工作。

首先，要确定各个主体在教育评价改革中的责任，明确中央政府、地方政府、事业单位、各类学校在教育评价改革中需要落实的责任内容。

其次，明确推进教育评价改革的时间表。新一轮教育评价的改革具体分几步走，每一步的时间开始点和截止点要清清楚楚，每一步的内容也要明明白白。

再次，选择一些有代表性的地区作为新一轮教育评价改革的试点。对一些重大教育评价改革事项，国家和各省（自治区、直辖市）可选择有条件的地方、学校和单位进行试点，发挥示范带动作用，总结试点经验，为其他地区和全国性改革提供经验借鉴。

最后，要明确推进教育评价改革的奖惩措施。对于中央政府、地方政府、事业单位、各类学校在推进教育评价改革中落实的情况分阶段进行督导，将各地推进教育评价改革情况纳入重要督导内容，明确每一阶段的督导内容，形成每一轮督导的公报，对违反相关规定的予以督促纠正，对相关人员严肃处理。

三、政策实施的建议

在推动教育评价改革落地的工作中，明确各主体的责任是最为关键的部分。只有明确了中央政府、地方政府、学校、社会、家庭等主体在落实教育评价改革中的责任和具体工作，才能完成习近平总书记的要求，完成教育评价改革的工作。

中央政府负责总揽全局。中央政府的主要责任是出台新一轮教育评价改革的政策文件，细化新一轮教育评价改革的举措，明确推进新一轮教育评价改革的时间表，在全国选择试点地区，对各地推动新一轮教育评价工作进行督导，对教育评价改革中的经验进行及时总结，对新一轮教育评价改革工作中有突出表现的地区和学校进行表彰和奖励，向全社会广泛传播新一轮教育评价改革的理念，引领全社会参与到教育评价改革工作中来。

地方政府全面负责本地区的落实工作。地方政府的主要责任是根据中央政府的政策安排形成各地教育评价改革的政策文件，细化本地区推动新一轮教育评价改革的举措，明确本地区推进新一轮教育评价改革的时间表，在自己管辖的区域内选择试点地区，对自己管辖的区域内的教育评价改革工作进行督导，对本地区教育评价改革的经验进行及时总结。

各类学校负责严格落实。学校的主要责任是根据相应政府管理部门的指导，根据新一轮教育评价改革中中央政府的总体思路和所在地方政府的举措，明确自己落实新一轮教育评价改革的总体思路，形成明确的教育评价改革的举措和推进时间表，动员学校管理部和教师积极落实新一轮教育评价改革工作，对学校管理部门和教师落实教育评价改革的工作进行监督和评价，对教育评价改革的经验进行及时总结，如实、客观地向相应的政府部门进行汇报，推进教育评价改革的落实。

用人单位的责任是对待毕业生"一视同仁"。国家机关、事业单位、国有企业在新一轮教育评价改革中的主要责任是率先垂范，带动全社会贯彻科学的选人用人理念。确定用人标准时不能够"唯学历"，用人标准要包括毕业生的知识、能力和品德等多个方面，不能提出只招收"双一流"高校毕业生等带有歧视性的用人标准，不能对普通学校的毕业生无原则地加以歧视，要一视同仁对待所有院校的毕业生。

家长不能够"唯分数""唯升学"，社会各界也要积极参与到新一轮教育评价改革中。家长不能盲目"拼孩子"，不能以牺牲孩子的健康和全面成长为代价去拼分数、拼名校，而应根据孩子的能力和兴趣特点多方面培养孩子，特别注重孩子身体的健康发育，培养孩子优良的品德和健全的人格。

加强专业化建设

《总体方案》提出，"构建政府、学校、社会等多元参与的评价体系，建立健全教育督导部门统一负责的教育评估监测机制，发挥专业机构和社会组织作用"。

党的十八届三中全会提出"深入推进管办评分离""强化国家教育督导，委托社会组织开展教育评估监测"等精神要求，指明作为第三方的专业机构和社会组织参与教育评估监测是推进教育评价专业化的方向。积极推进第三方参与教育评估监测，是建立健全政府、学校、社会等多元参与教育评价体系的突破口，对于推进教育治理体系和治理能力现代化，引领教育改革发展，具有极为重要的意义。

一、政策的基本内涵

（一）教育评估

教育评估也叫教育评价（本文两者通用），指对被评估的对象或现象（如学生的学习、教师的教学等）做出描述和判断。我们可以从评估与测试的关系来进一步理解教育评估的含义。测试不是评估，但评估的描述性部分可以以测试的结果为基础，其回答的是我们如何处理测试结果、如何评价测试结果，这需要一定的判断尺度。判断功能、导向功能和改进功能是教育评估的基本功能。

（二）教育监测

教育监测是运用一定的技术手段，对教育领域或事关教育事业发展的特定对象进行测量，以了解、判断其变化趋势的活动。诊断功能、预警功能、预测功能是监测的基本功能。

（三）教育评估监测机制

教育评估监测机制是以一个以上的信息为基础，对相关教育现象做出描述与判断的制度。例如，关于教学的重要信息可以从科学的成绩测试中得到，但是测试分数只能算复杂的评估系统中的因素之一。要想对学校以及教学的信息做出正确的描述和判断，我们还需要一系列其他的相关信息（如学生、教师和学校的具体情况如何，以往的测试成绩如何等）。

（四）第三方教育评估

第三方指的是独立于管理方（第一方）和被管理方（第二方）的组织，多数情况下由非政府组织，如专业的评估机构或研究机构担当。常见的运行机制是受第一方委托，由第三方对第二方进行评价。第一方和第二方教育评价均属于教育系统的内部评价；而第三方教育评估则主要是指独立于学校和政府教育管理部门的第三方进行的外部评价，即具有教育评估资质的机构或组织，对学校的办学资格、教育教学水平等方面进行的评价。第三方教育评估组织开展的评价往往以接受业务委托的方式进行。评价的方式是通过专业化工具完成评价内容的选取、评价指标的设定、数据的采集及处理、数据结果的分析等活动，以提高评价标准的全面性、评价技术的先进性、评价过程的科学性以及评价结果的准确性。

二、政策沿革

1990年，国家教育委员会出台了《普通高等学校教育评估暂行规定》，这是我国普通高等学校教育评估方面的第一个法规性文件，文件中指出，"鼓励学术机构、社会团体参加教育评估"。1993年颁布的《中国教育改革和发展纲要》明确提出，"完善督导制度，加强对中小学学校工作和教育质量的检查和指导。对职业技术教育和高等教育，要采取领导、专家和社会用人部门相结合的办法，通过多种形式进行质量评估和检查。各类学校都要重视了解用人单位对毕业生质量的评估"。在上述政策的推动与指引下，自20世纪90年代起，我国陆续出现了一些事业性中介评估机构，如相继设立的上海市高等教育评估事务所（后改名为"上海市教育评估院"）、江苏省教育评估院、辽宁省教育评价事务所等。

2010年颁布的《国家中长期教育改革和发展规划纲要（2010—2020年）》明确提出，要"开展由政府、学校、家长及社会各方面参与的教育质量评价活动""建立和完善国家教育基本标准。整合国家教育质量监测评估机构及资源，完善监测评估体系，定期发布监测评估报告""探索与国际高水平教育评价机构合作""促进管办评分离""实行绩效评估"等，对教育评估的机构组织、体系框架、标准制定、方法改进和国际合作等做了明确阐述，是我国改革开放以来有关教育评估的纲领性文件。

2013年，党的十八届三中全会首次在党中央的决定中对第三方教育评估监测进行了明确规定，要求"加大政府购买公共服务力度""强化国家教育督导，委托社会组织开展教育评估监测"。为贯彻落实党的十八大关于全面深化改革的战略部署，《中共中央关于全面深化改革若干重大问题的决定》出台，提出"深入推进管办评分离，扩大省级政府教育统筹权和学校办学自主权，完善学校内部治理结构。强化国家教育督导，委托社会组织开展教育评估监测"。2015年5月，《教育部关于深入推进教育管办评分离促进政府职能转变的若干意见》进一步做出部署要求，"建立健全政府、学校、专业机构和社会组织等多元参与的教育评价体系""扩大行业协会、专业学会、基金会等各类社会组织参与教育评价""引入市场机制，将委托专业机构和社会组织开展教育评价纳入政府购买服务范围""在做好内部评估的同时，要主动委托第三方开展全面、深入、客观的评估"。

2015年修订通过的《中华人民共和国高等教育法》新增添了"教育行政部门负责组织专家或者委托第三方专业机构对高等学校的办学水平、效益和教育质量进行评估。评估结果应当向社会公开"的条文，说明发展第三方评价已经成为高等教育界的共识，也有了法律依据。

2017年，中共中央办公厅、国务院办公厅印发的《关于深化教育体制机制改革的意见》重申"要建立健全教育评价制度，建立贯通大中小幼的教育质量监测评估制度，建立标准健全、目标分层、多级评价、多元参与、学段完整的教育质量监测评估体系"，进一步强调"健全第三方评价机制，增强评价的专业性、独立性和客观性"。

一系列政策的出台，为我国第三方参与教育评价奠定了良好的政策基础。第三方教育评估机构如雨后春笋般兴起，既有商业公司，也有各种协会、学会等社会组织及高校和教育研究机构；第三方教育评估机构提供的评价服务丰富多样，包括区域教育质量监测、学校质量评估、教师评价、学生认知诊断等。[①]"政府管教育、学校办教育、社会评教育"的教育评估监测机制正在逐步构建。

---

① 黄晓婷:《美国、芬兰、台湾的教育评价制度比较》，载《中国教育财政》，2017（10）。

三、挑战与风险

第三方教育评估顺应我国教育改革发展而生，顺应国家治理方向，符合学校办学需要。但我们要清醒地认识到，第三方教育评估在我国仍处于探索推进阶段，政策体制仍不完善，第三方教育评估机构的数量不足、质量不高、权威性不够，第三方评估结果运用的制度和社会环境也不完善，相关问题与风险客观存在。

（一）挑战

挑战一，第三方理念的形成。具有第三方理念是成为第三方的前提。第三方理念是以中立、客观的立场看问题的理念，第三方在一定程度上是第一方和第二方的挑战者、追问者，甚至批评者，因此，具有第三方理念是实施第三方评价的必要条件。只有第一方和第二方也具有了第三方理念，足够的第三方用户产生，才能促进第三方教育评估的开展。受文化、体制及多重因素的影响，政府、公众对第三方公信力的怀疑根深蒂固，我国形成第三方理念还面临挑战。

挑战二，第三方的专业性。第三方教育评估的开展以其专业性为基础。第三方教育评估机构的用户要求机构拥有满足其教育评价需求的专业水平。当今时期是以信息技术为主的多种技术飞速发展的时期，教育本身就是极其专业的工作，教育评估的理论和技术自然复杂，可操作的技术也快速发展，能否应对技术和教育的快速发展所带来的挑战就成为决定第三方教育评估机构命运的关键因素。

（二）风险

风险一，路径依赖风险。路径依赖指的是人们过去的选择对他们现在或者未来的选择有决定性。一种制度一旦形成，不管是否能够达到相应的效果，都会在一定时期内持续存在并有效影响人们对后续制度的选择，就好似进入了一种固定的路径，制度变迁只能机械化地按照该路径一直循环下去。教育评估监测的制度变迁中也同样存在着路径依赖的现实情况。第三方教育评估机构发展缓慢、类型单一等的主要原因是其对现行教育评估机制形成了路径依赖，要进行制度创新可能面临"穿新鞋走老路"的风险。

风险二，评价的技术风险。任何技术都不是完美的，对学校办学水平、效益和质量的评估，在世界各国都是很大的技术难题，原因在于教育评价本身的复杂性。一旦评价的技术走偏，可能出现"失之毫厘，谬以千里"的背离初衷的结果。

四、国内实践和国际经验

（一）国内实践——北京的实践

近年来，北京市高度重视并积极推进第三方参与的教育评估监测工作，市区两级教育督导部门委托第三方机构开展了一系列重要的教育评估监测项目，在构建第三方教育评估监测政策体系和制度机制等方面进行了一些实践探索，取得了积极进展和成效。其实践经验如下。

一是完善政策体系。2016年，《北京市人民政府办公厅关于深化教育督导改革的实施意见》指出，明确按照"政府统筹、强化职能、多元参与、权威高效"的思路推进教育督导改革。北京市政府教育督导室通过任务分解、责任分工，有效推动和落实教育督导改革的各项任务，细化研究制定教育督导评估与质量监测的政策标准体系。随后，《北京市人民政府教育督导室关于委托第三方机构开展教育评估监测工作暂行办法》出台，对委托第三方机构开展教育评估监测的工作原则、事项内容、工作程序、权利义务都做出了明确规定，确保规范实施第三方教育评估监测，保障政府购买服务的质量。

二是强化教育督导职能机构建设，教育评价工作归口管理和统筹开展。2015年，北京市机构编制委员会办公室批复同意，明确了教育督导部门归口管理教育督导与评估监测的职能，新增了评估与监测处，相应核增了行政编制。在市级部门的指导推动下，各区教育督导职能机构建设取得了积极进展，大都设立了"三科一中心"或"两科一中心"。

三是探索建立开展第三方教育评估监测的工作机制。北京市政府教育督导室每年年初制订委托开展评估监测工作计划，根据实际拟定需通过竞争招标方式委托开展的教育评估监测项目目录清单，经过相关程序批准，向社会发布公告，按程序启动实施相关工作。北京市政府教育督导室一直坚持通过协议形式开展委托项目研究和实施评估监测项目。比如，2016年，委托北京教育评估院对北京市属本科高校本科专业实施评估，委托北京考试评价中心实施"北京市中小学生学业质量监测评价"等，其他相关委托项目也有序推进开展。此外，北京市政府教育督导室还统筹各级各类教育数据信息资源，委托专业公司开发建设北京市教育督导网络信息应用管理平台，强化教育评估监测的数据信息支撑。

（二）国际经验——美国的实践

据有关文献显示，最早的第三方评价可以追溯到15世纪的欧洲，是为保证产品质量而提出和实施的。进入20世纪20年代，第三方评估在欧美国家主要用于政府以外的民间组织评估政府绩效。20世纪80年代，第三方评估在西方国家政府治理变革中取得了良好效果。第三方评估广泛运用到教育评估领域是伴随着管理改革和教育改革而推进的。20世纪中后期以来，第三方教育评估机构在西方教育发达国家逐步发展成熟，如美国的加州考试局、英国的高等教育质量保证署等，其他一些欧美国家和日本也连续多年开展了第三方教育评估。近年来，由经济合作与发展组织主导开展的国际学生评估项目（Program for International Student Assessment，PISA）测试，为第三方教育评估拓展了新的理念和思路。这里以美国为例，对其第三方教育评估的实践经验进行分析。

第一，评价内容丰富，评价机构多元。

美国目前的教育评价内容非常丰富，包括对学生的学业水平、综合素质评价，对教师的资格考试、绩效考核，对学校效能的评价，对区域教育质量的评价，对很多行业从业人员职业资格的认证等。仅针对学生发展的测评就有不下几百种考试，包含了从学前阶段到研究生阶段的各个学科和能力维度，既有选拔性的入学考试，也有阶段性发展状况评价，还有帮助学生自适应学习的认知诊断等。各相关机构根据美国课程改革等情况的变化，还在不断开发新的评价产品，替换过时的考试和评价服务。

实施评价的主体除少数是政府设立的专门机构外，大部分是社会第三方专业机构。这些第三方机构包括非营利组织，如美国教育考试服务中心（Electronic Traction Support，ETS）、美国大学入学考试（American College Test，ACT）委员会等；商业公司，如培生集团；高校研究机构，如伯克利测评中心、美国研究院；行业协会，如麻省教师协会等。表57.1列举了几类主要的评价类型及实施主体。其中，除了服务于国家宏观教育政策的国家教育进展评估由政府设立的国家教育统计局组织实施外，其他大部分考试，包括高利害的大学入学考试在内，均由社会第三方机构提供。高校和研究机构在这一实践领域也十分活跃，这大大促进了美国教育评价的发展。

表 57.1　美国教育评价内容及主体举例

评价类型	评价示例	实施主体	机构性质
学生学业水平评价	学术能力评估测试（Scholastic Assessment Test，SAT）	大学委员会	非营利机构
	ACT	ACT委员会	非营利机构
	研究生入学考试	ETS	非营利机构
学校绩效评价	田纳西州增值评价体系	田纳西大学增值研究和评价中心	高校研究机构
州教育质量监测	阿肯色州学生发展评估	ACT委员会	非营利机构
国家教育质量监测	国家教育进展评估	国家教育统计局	政府机构
教师资格考试	麻省教师资格证考试	麻省教师协会	行业协会
职业资格认证	适用就业能力测评	ACT委员会	非营利机构
	护士资格证	培生测评（培生集团）	商业公司

第二，经费来源多样，政府购买服务制度健全。

不同的考试或评价，根据其服务对象不同，经费来源也各不相同。

国家或州一级的质量监测由政府提供经费。《不让一个孩子掉队法案》通过后，各州均需对K-12阶段的学校教育质量进行监测，因此，州一级的标准化测试经费列入预算。经费使用方式主要有两种：一是由相关政府机构直接用于评价活动；二是通过招投标购买社会专业机构的评价服务。少数州一级的质量监测经费也由州政府直接拨款给州教育局的相关部门，如加州学生表现与发展测评就由州政府全额拨款给加州教育局的质量提升与问责处（Improvement & Accountability Division）。

不过，大部分州均未设立专门的业务部门来实施评价，而是采用招投标的形式，购买营利或非营利专业机构的服务。例如，ACT为阿拉巴马、阿肯色、路易斯安那、密西西比等州提供州基础教育质量评价；表57.1中提到的田纳西州则向高校研究机构购买服务，建立了该州的增值评价体系。各州的招投标程序较为类似，即依据该州相关法律条例组织公开竞标，并由州教育局组织评审委员会决定中标机构。评审委员会成员一般包括州教育局官员、相关领域知名研究人员、教师和校长代表等。这种做法比较灵活，各级政府能按自身需求得到高质量服务，因此在美国各州和各教育层级的考试评价中被广泛使用。

另外，学校和学区也有一定的自主权，支配经费购买所需的考试或评价服务。比如，纽约州的有些学区就向麦格劳—希尔教育测评中心购买过对基础教育阶段学生的学科能力和高阶认知能力进行测评的服务，不少学校和学区会购买筛选天才儿童的考试服务，还有学校向美国中小学校长联合会购买学校发展诊断服务等。学校和学区购买评价服务付费不高，有时不会通过严格的招投标形式进行。不过，选择评价产品和服务的过程公开透明，多由董事会或相关的委员会决定。

职业资格考试等通常由考生付费。大部分职业资格考试都由行业协会制定技能标准。比如，美国护士资格证考试的技能标准由国家护理委员会（National Council of State Boards of Nursing，NCSBN）制定，该委员会又委托培生公司开发和组织资格考试，研究和运营经费基本来自考生支付的考试费。一些企业也会向专业考试机构购买人格、心理及职业能力测试服务，用于公司招聘。

此外，一些基金会和商业机构也会资助教育评价实践。例如，盖茨基金会就资助了全美教师能力测查项目（Measures of Effective Teaching Project，MET），花旗银行曾资助学生财商测查等。

第三，制度相对完备，教育评价服务质量得到保障。

目前，美国教育评价产品的质量在全球处于领先水平。究其原因，一方面是近代教育评价理论和技术在美国科研环境下得到长足发展；更重要的方面是，美国通过相对完备的立法，推动了政府监管、市场竞争和行业自律多管齐下，形成了保障教育评价服务的系列制度。

政府购买评价服务后，教育局一般会有相关部门参与整个测评过程，该部门还会邀请教育测评领域的知名专家，组成顾问小组或专业委员会，对整个测评过程进行有效监督和质量把控。

开放的市场竞争机制也是促进评价服务质量提升的重要动力。提供类似评价服务的专业机构要想在招投标中获胜，或者争取到更多个人或学校用户，就必须提高其产品的科学性、适用性和性价比。例如，ACT和SAT多年来一直竞争高考市场，两家机构的研发部门都会定期公布工具开发、数据处理、考试成绩预测效度等方面的技术报告和研究报告。测试成绩对学生进入大学以后学业表现的预测效度是影响大学选择使用哪种测试的最重要的因素，因此，两家机构的研发部门都投入了很多资源验证其预测效度。此外，上述两种测试的内容每3～5年会根据全国课程调查（national curriculum survey）进行调整，测试方式也随着电脑的普及和信息技术的发展，迅速由纸笔测试转变为更方便、更快捷的机考。各机构对于测评的各项工作都十分审慎，因为一旦有因公平性不足或信效度不高引起的法律纠纷发生，该机构除面临高额赔偿外，公信力也会大大受损，严重损害其市场竞争力。

行业协会对教育评价产品的质量保障和提升也起到了积极的作用。美国国家教育测量委员会（National Council on Measurement in Education，NCME）是全国性的教育测评行业协会。该委员会定期发布行业指导性文件和质量标准。1999年，NCME出版了《教育与心理测量标准》，明确了各类考试应该达到的信度、效度、公平性等方面的标准；2014年出版了第二版，在第一版的基础上根据这一领域理论和技术的发展对标准进行了调整。

五、政策实施的建议

尽管第三方教育评估有了政策基础、发展需求和实践探索，但我国建立第三方参与的教育评估监测时间尚短，各方面条件不充分，有些关键方面还没有实现根本突破。推进建立第三方参与的教育评估监测机制，解决好实施主体与功能定位的问题仍是需着力突破的方面。

（一）政府

尽快完善国家层面的相关法律法规，明确教育评估涉及的各主体的权利和义务，使评估工作有章可循、有法可依。以上述立法为依据，转变政府职能，深入推进管办评分离，政府应以以下方面工作为重点。

一是强化教育督导的机构和平台建设。实现教育评估监测工作的归口管理和统筹开展。明确各级教育督导部门归口管理教育督导与评估监测的职能。合理划分教育行政职责和教育督导职责，在切实推进简政放权、扩大学校办学自主权的基础上强化教育监督监管。加快创建教育评估监测基础数据信息平台，以数据资源整合与共享为基础，构建教育督导评估的信息管理应用系统，强化教育督导评估的数据支持和信息支撑能力，促进教育评估监测的信息化水平和专业化水平的提升。

二是建立培育和推进第三方参与教育评估监测的相关机制。建立健全面向第三方机构（专业机构和社会组织）的市场准入机制、政府购买服务制度、招投标制度和绩效管理制度。健全教育评估监测结果发布的相关制度，建立公示、公告、反馈等系列制度，建立健全教育评估监测结果的问责机制，切实提高结果使用效能。

（二）行业

行业组织在第三方教育评估机构可持续发展的过程中必不可少。要以已有行业组织（如"第三方教育评价机构联谊会"等）的经验探索为基础，推动教育评估的自律、规范和发展，如确立行业规范、制定产品标准、进行质量保障认证等。

总之，促进专业机构和社会组织参与进来是加强教育评价专业化建设的必由之路，这既需要自上而下的、科学的顶层设计，也需要自下而上的、积极的实践探索。

参与联合国 2030 年可持续发展议程教育目标实施监测评估

《中国教育现代化2035》提出："深度参与国际教育规则、标准、评价体系的研究制定。"自2015年联合国提出《变革我们的世界：2030年可持续发展议程》以来，世界各国积极参与，对17项可持续发展目标（Sustainable Development Goals，SDG）的实施情况进行持续监测成为国际重要举措。其中，对可持续发展目标中的教育目标（SDG4）的监测是必不可少的部分。参与联合国2030年可持续发展议程中的教育目标实施监测评估，在深度参与中对全球教育监测的规则、标准和评价体系贡献中国方案、彰显中国理念和中国智慧，不仅是我国开展教育评价国际合作的必然要求，也是我国参与全球教育治理，开创教育对外开放新格局的战略部署。

一、政策的基本内涵

联合国2030年可持续发展议程是国际组织制定的教育中长期规划（2015—2030年），为各国教育15年的发展提供了具体的方向和明确的目标。其中，可持续发展目标中的教育目标是监测评估的主要内容。

2015年9月，联合国大会通过决议《变革我们的世界：2030年可持续发展议程》。决议中正式向全球发布了17项可持续发展目标，其中关于教育的目标4表述为：确保包容和公平的优质教育，让全民终身享有学习机会。目标4由7个子目标（4.1至4.7）和3个附加目标（4.a至4.c）组成。具体内容如表58.1所示。

表 58.1　目标 4 中的子目标和附加目标

序号	内容
4.1	到2030年，确保所有男女童完成免费、公平和优质的中小学教育，并取得相关和有效的学习成果
4.2	到2030年，确保所有男女童获得优质幼儿发展、看护和学前教育，为他们接受初级教育做好准备
4.3	到2030年，确保所有男女平等获得负担得起的优质技术、职业和高等教育，包括大学教育
4.4	到2030年，大幅增加掌握就业、体面工作和创业所需相关技能，包括技术性和职业性技能的青年和成年人数
4.5	到2030年，消除教育中的性别差距，确保残疾人、土著居民和处境脆弱儿童等弱势群体平等获得各级教育和职业培训
4.6	到2030年，确保所有青年和大部分成年男女具有识字和计算能力
4.7	到2030年，确保所有进行学习的人都掌握可持续发展所需的知识和技能，具体做法包括开展可持续发展、可持续生活方式、人权和性别平等方面的教育、弘扬和平和非暴力文化、提升全球公民意识，以及肯定文化多样性和文化对可持续发展的贡献

续表

序号	内容
4.a	建立和改善兼顾儿童、残疾和性别平等的教育设施，为所有人提供安全、非暴力、包容和有效的学习环境
4.b	到2020年，在全球范围内大幅增加发达国家和部分发展中国家为发展中国家，特别是最不发达国家、小岛屿发展中国家和非洲国家提供的高等教育奖学金数量，包括职业培训和信息通信技术、技术、工程、科学项目的奖学金
4.c	到2030年，大幅增加合格教师人数，具体做法包括在发展中国家，特别是最不发达国家和小岛屿发展中国家开展师资培训方面的国际合作

二、SDG4 监测评估的国际进展

（一）监测主体

联合国教育、科学及文化组织（以下简称联合国教科文组织）于2016年成立了"可持续发展目标——2030年教育"指导委员会。作为2030年可持续发展议程教育领域的全球利益攸关方，指导委员会通过审查、监测和报告全球教育目标和承诺的进展情况为会员国提供战略指导。该委员会授权支持由联合国教科文组织统计研究所（The UNESCO Institute for Statistics，UIS）领导的"可持续发展目标4——2030年教育指标技术合作组"（以下简称技术合作组）和"学习监测全球联盟"开展相关具体工作。

（二）监测指标体系

关于SDG4监测的基础性文件是《〈2030年可持续发展议程〉各项可持续发展目标和具体目标全球指标框架》。该框架由"可持续发展目标指标机构间专家组"开发，于2017年7月在联合国大会上发布，并在2018年、2019年联合国统计委员会全会上进行了修订。该文件将17个可持续发展目标转换为可统计的具体指标，是SDG4监测指标体系建设的基础性文件。

在此文件的基础上，UIS领导的技术合作组进一步丰富了指标，构建了较为完善的SDG4监测指标体系，如表58.2所示。其中，加粗的指标为联合国正式发布的指标，其他为UIS增加的指标。指标体系的具体采分点由专门的元数据解释和算法进行说明。

表 58.2　SDG4 监测指标体系

序号		内容
4.1	4.1.1	（a）在2/3年级、（b）小学结束时、（c）初中结束时获得起码的（一）阅读和（二）数学能力的儿童和青年的比例，按性别分列
	4.1.2	国内代表性学习评估的管理（a）在2/3年级、（b）小学结束时、（c）初中结束时
	4.1.3	坚持到最后年级的毛入学率（小学、初中）
	4.1.4	毕业率（小学、初中、高中）
	4.1.5	辍学率（小学、初中、高中）
	4.1.6	超龄学生比率（小学、初中）
	4.1.7	国家法律中规定的基础及中等教育阶段（a）免费（b）义务教育年限

续表

序号		内容
4.2	4.2.1	在保健、学习和社会心理健康方面发育正常的5岁以下儿童的比例，按性别分列
	4.2.2	有组织学习（小学入学正规年龄的一年前）的参与率，按性别分列
	4.2.3	5岁以下儿童处于积极和鼓励的家庭学习环境中的百分比
	4.2.4	（a）学前阶段和（b）以及幼儿阶段的幼儿教育毛入学率
	4.2.5	国家法律中规定的学前教育阶段（a）免费（b）义务教育年限
4.3	4.3.1	过去12个月青年和成年人正规和非正规教育和培训的参与率，按性别分列
	4.3.2	高等教育毛入学率，按性别分列
	4.3.3	技术职业课程的参与率（15岁至24岁），按性别分列
4.4	4.4.1	掌握信息技术技能的青年和成年人的比例，按技能类型分列
	4.4.2	掌握数字基本素养技能（最低级别）的青年/成人的百分比
	4.4.3	青年/成人教育参与率，按年龄段、经济状况、受教育程度和课程方向分列
4.5	4.5.1	所有可以分类的教育指标的均等指数（女/男、城市/农村、财富五分位最低/最高，以及具备有关数据的其他方面，如残疾状况、土著人民和受冲突影响等）
	4.5.2	小学阶段接受母语教学的学生百分比
	4.5.3	将教育资源向弱势群体倾斜的常规性政策
	4.5.4	生均教育支出，按教育程度和经费来源分列
	4.5.5	向最不发达国家提供教育援助在教育经费总额中的百分比
4.6	4.6.1	某一年龄组中获得既定水平的实用（a）识字和（b）识数能力的人口比例，按性别分列
	4.6.2	青年/成人识字率
	4.6.3	文盲青年/成人的扫盲课程参与率

序号		内容
4.7	4.7.1	**（一）全球公民教育和（二）可持续发展教育，包括两性平等和人权，在多大程度上在（a）国家教育政策、（b）课程、（c）教师培训和（d）学生评估方面进入主流**
	4.7.2	提供艾滋病防治和性教育的学校百分比
	4.7.3	在全国范围内实施《世界人权教育方案》框架（根据联合国大会第59/113号决议）
	4.7.4	显示出对全球公民身份和可持续性相关问题有充分理解的学生百分比，按年龄组（或教育水平）分列
	4.7.5	熟练掌握环境科学和地球科学知识的15岁学生所占的百分比
4.a	4.a.1	能获得以下资源的学校比例：（a）电；（b）教学用因特网；（c）教学用电脑；（d）为残疾学生提供的经调整的基础设施和材料；（e）饮用水；（f）男女分开的基本卫生设施；（g）基本洗手设施（按水卫项目指标定义）
	4.a.2	遭受欺凌、体罚、骚扰、暴力、性别歧视和虐待的学生百分比
	4.a.3	学生、人员和机构受到攻击的次数
4.b	4.b.1	**按部门和学习类型分列的奖学金官方发展援助数额**
	4.b.2	受益国颁发的高等教育奖学金数量
4.c	4.c.1	**至少接受过有关国家相应水平教学所规定起码水平的有组织任前或在职师资培训（如教学法培训）的（a）学前、（b）小学、（c）初中和（d）高中教育中教师的比例**
	4.c.2	学生与受训教师比例，按教育水平分列
	4.c.3	符合国家标准的合格教师比例，按教育程度和机构类型分列
	4.c.4	学生与认证教师比例，按教育水平分列
	4.c.5	相较于其他同等资历要求的职业，教师平均工资水平
	4.c.6	教师流失率，按教育水平分列
	4.c.7	最近12个月接受培训的教师百分比，按培训类型划分

（三）最新监测结果

全球可持续发展目标推出期间，每届联合国大会上，秘书长都会就SDG取得的进展进行专题汇报。2021年关于SDG4的进展情况如下。

COVID-19大流行对学校教育的影响是一场"代际灾难"。疫情之前，进展已经很慢，不足以实现可持续发展目标中关于教育的具体目标。疫情导致的学校停课对儿童的学习和福祉造成破坏性后果。数以亿计的儿童和年轻人在学习上落后，这将产生长期影响。COVID-19危机爆发已有一年，全球三分之二的学生仍因学校完全或部分停课而受到影响。最脆弱的儿童和不能进行远程学习的儿童无法返回校园以及被迫接受童婚或成为童工的风险增加。

据估计，由于疫情造成的后果，2020年又有1.01亿儿童和年轻人（1年级至8年级）的阅读能力滑落到最低水平以下，导致过去20年取得的教育成果付诸东流。到2024年，阅读能力水平可能会恢复，但前提是要通过补救和追赶战略，在这项任务上付出特别努力。

就在疫情暴发之前，全球53%的年轻人正在完成中学学业，尽管撒哈拉以南非洲的这一数字仅为29%。学业完成率的上升可能放缓甚至逆转，具体情况取决于学校停课的持续时间（导致学习损失，影响上学积极性）和贫困现象可能增加的程度（使得处境不利儿童面临更多障碍）。

2012—2020年期间76个国家和地区（主要为低收入和中等收入）在疫情前的数据显示，每10名3岁和4岁的儿童中有7名发育正常，性别之间没有显著差异。但由于疫情，许多幼儿无法接受早期教育，因此现在完全依赖照料者进行养育。不安全的条件、与照料者的负面互动和早年缺乏教育机会可能导致不可逆转的后果，影响儿童余生的潜力。

疫情之前的数年内，在正式小学入学年龄前一年参与有组织学习的比率稳步上升，从2010年的65%增至2019年的73%；但各个国家和地区的数字存在差异，从12%到近100%不等。各个区域均已实现性别均等。自2020年以来，以往年份取得的进展面临风险，因为大多数国家和地区的早期教育设施和小学关闭，对受教育机会造成阻碍或限制，低收入和中等收入国家和地区的儿童尤其受到影响。

在一系列教育指标中，受教育机会和学习成果方面的差距依然存在。例如，2019年，每100名15岁或以上的识字男子和男童对应的同年龄段识字妇女和女童人数仍然仅为92人。在有新近数据的国家和地区中，近一半的国家和地区在完成初等教育方面没有实现性别均等，只有少数国家和地区在高等教育入学率方面实现均等。如果按城乡地点和家庭财富划分，差距通常更为极端，分别有三分之一和六分之一的国家和地区在完成初等教育方面实现均等，没有任何有新近数据的国家或地区在高等教育就读方面实现均等。预计疫情将导致最近在公平方面取得的进展出现逆转。随着向远程学习的转变，来自最贫困家庭和其他弱势群体的学生更不具备参与学习的条件，更有可能永久或长期辍学。

根据2017年至2019年期间的数据，全球超过五分之一的小学无法获得基本饮用水，超过三分之一的小学缺乏基本洗手设施。在最不发达国家，三分之二以上的小学用不上电，校内教学用互联网的接入率和计算机的可用率甚至更低。

2019年用于奖学金的官方发展援助达到17亿美元，高于2017年的13亿美元。其中，欧洲联盟、法国、日本、沙特阿拉伯和土耳其占总额的55%。

2019年，81%的小学教师接受了培训，尽管这一比例在撒哈拉以南非洲（65%）和南亚（74%）较低。由于疫情造成前所未有的封锁，导致大多数国家和地区的学校全部或部分停课，因此教师队伍受到严重影响。

三、我国参与SDG4监测的现状

（一）尚处于数据提供阶段

在UIS的开放数据库中，部分指标中能够查阅到中国数据。比如，最重要的基础性指标4.1.1中六个采分点，有四个采分点有一年的中国数据；4.2.1和4.2.2中五个采分点则全无中国数据。我国数据的提交流程主要是由教育部发展规划司提供统计数据，由中国联合国教科文组织全国委员会提交到UIS。造成数据提供较难的原因主要包括统计口径存在差异、国际大型调查未能覆盖中国等。

（二）未参与关键性的国际合作

UIS领导的技术合作组和学习监测全球联盟是构建SDG4监测指标体系、对监测数据进行报告和分析的重要部门，两个部门各次会议中均未见中国机构和专家的参与。当前，2030年可持续发展议程教育目标实施监测评估的国际工作中缺乏中国声音，这也影响了中国在国际教育政策制定领域的话语权，与当前中国作为联合国教科文组织中的大国的身份不符。

四、政策实施的建议

（一）深化我国在教育监测评估领域的国际合作

教育的监测评估是我国从国家层面到地方层面十分重视的方面，我国积累了大量的实践经验，但是在教育监测评估的国际合作和国际参与方面却相对滞后。面对联合国2030年可持续发展议程教育目标实施监测评估的机遇，充分借鉴国际通行的监测评估的理念、工具和方法，积极推进在教育统计口径、教育数据标准等方面与国际接轨的工作，是提升我国教育监测评估国际合作水平的必然要求。

（二）发挥我国大数据的优势

在信息社会高速发展的背景下，中国充分把握技术发展的先机，在"互联网+"、大数据应用等领域已经逐渐走在了世界的前列。我国部分地区教育信息化领域的发展也处于世界领先水平，尤其是在基层实践层面，部分地区的教育大数据建设已经逐渐在区域教育评价专业化中发挥日益重要的作用。此外，我国的制度优势也是我国发挥大数据优势的重要基础。但是，当前SDG4监测主要依靠的是各国提交的统计数据和部分机构提供的调查数据，并未引入相关大数据技术。我国需尽快利用自身优势，积极探索教育大数据在教育监测评估方面的应用，利用先进技术实现"变道超车"，逐渐在国际教育监测评估领域中树立中国形象。

（三）加快研发辅助决策的监测评估模型

联合国2030年可持续发展议程教育目标实施监测评估，有明确的时限和目标。对全球各国目标实现程度进行跟踪监测，并通过多年累积的数据对目标能否实现进行预测判断，能够实现政策预警等决策辅助功能，如2019年提出的"全球教育偏离轨道"的预警。国际组织呼吁各国加大教育投入、开展能力建设等，但并不能就各国具体情况给出具体的政策建议。研发科学的监测评估模型，一方面，要借鉴国际上对监测评估进行多维度分析的经验；另一方面，要适应国情，加快研发辅助决策的监测评估模型，进而给出科学的监测评估改善建议，在不断的创新实践中贡献中国方案，影响和推进国际教育监测评估。

后　记

　　《新时代教育评价改革政策解析》是教育部综合改革司委托课题"新时代教育评价改革政策"的主要成果。教育部教育发展研究中心对此课题研究高度重视，在综合改革司的指导下，举全中心之力，积极推进课题研究。彭斌柏主任亲自挂帅负总责，与课题组一起研究课题框架，策划选题条目，研讨修改文稿等。陈如平副主任具体负责组织和统稿。汪明、马陆亭副主任也参加了有关讨论。各研究部门参与研究的人员有：综合研究部王烽、张家勇、姜雨婷，专题研究部王建、孟久儿，国际比较与对外交流部王晓燕、涂端午、梁彦、刘瑶，战略发展研究部刘承波、张伟、鞠光宇，政策评估研究部王蕊、杨秀文、许海霞，区域发展研究部安雪慧、王颖、玉丽，教育治理与廉政研究部窦现金、卢海弘、熊建辉，党政工作部马凯、曹宇、郝春娥、张艳妍等。王颖参与了前期的组织协调工作。从这个意义上说，本书既是课题研究成果的最终集成，也是教育发展研究中心研究水平的整体体现。北京师范大学出版社郭兴举、鲍红玉编辑参与了选题策划、体例设计、文稿编辑等工作，在此一并表示感谢。

课题组

2021年10月